シリーズ　ここで生きる

いのちの場所

シリーズ ここで生きる

いのちの場所

内山節

岩波書店

はじめに

「いのち」はどこにあるのかと問われたら、多くの人びとは自分の身体のなかに、と答えるだろう。それが私たちが実感している「いのち」である。では「いのち」は身体のどこにあるのだろうか。こう問われると私たちは戸惑いはじめる。心臓のあたりなのか。頭のあたりなのか。さらに別のところなのか。

もっとも生死の境はどこにあるのかと聞かれたら、ほとんどの人びとは医学的に答えることになるだろう。心臓の停止か脳の停止かというかたちで。だがこの本で私が問おうとしている「いのち」はそれとは違う。この本の主題は生きるとは何かであり、人間たちの「いのち」はどこに存在しているのかである。たとえばこんなふうに考えてもらえばよい。

仮に私が船に乗っていて遭難し、しかし幸いにも無人島に流れ着いたとしよう。その島には豊かな自然があり、生きるために必要なものはすべてそろっていた。私はたった一人という意味では孤独な何十年間かを過ごし、あるとき死を迎えた。このケースでは、私はどこに「いのち」が存在する場所をもっていたのだろうか。それは第一にこの島の自然との関係のなかに、である。島で水を得、食料を調達し、草木で小屋をつくり、植物の繊維などで簡単な衣服をつくっていた、という意味でも島の自然が私の「いのち」を存在させる場所を提供していた。それだけではなく、次第に私は島の草花を楽しみ、鳥の声や動物たちの気配を楽しむようになって、それらのことがここでの暮らしを成り立たせたかもしれない。とするとそのような意味でも島の自然が私の「いのち」のありかを支えていたことになる。といっても無人島で一人で暮らすことが私の望みだったわけではない。当然会えなくなったいろいろな人たちのことを思い浮かべ、誰かが発見してくれるかもしれない偶然に期待を寄せていたことだろう。そしてここにも私の「いのち」が取り結んでいる第二の関係がある。直接的には会うことができなかったとしても、他者との関係を意識することのなかに、私の「いのち」は存在していた。さらに人によっては、その人がもっている信仰が、つまり信仰との関係がその人の「いのち」を存在させることになったかもしれない。

無人島にたった一人で暮らしていたと表現すれば、自分だけで生きていたように感じるかもしれないがそれは正しくない。このケースでも自然との関係や思い描く他者との関係、ときに神や仏との関係がその人の「いのち」を支え、「いのち」が存在する場所を与えたのである。「いのち」は自然や神仏を含む他者との関係のなかに存在していた。

人間は自分の「いのち」は自分の身体のなかにあると感じる。もしも「いのち」が機械的な機能にすぎないのなら、つまり心臓が動き、血液が流れ、といったことにすぎないのなら、「いのち」は自分の身体とともにある。しかし人にとって「いのち」とは生きている場のなかに成立しているものである。「いのち」を成立させる場があって、はじめて「いのち」は存在することができる。そしてこの場をつくりだしているものが関係である。私たちは他者との関係のなかに、自分の生きる場を、「いのち」が存在する場を成立させている。

だが現代は「いのち」をも固有のもの、それぞれの個体性にもとづくものとする社会を成立させている。それが「いのち」の孤独を生みだし、生の不安と死の恐怖を蔓延させることになった。とするとなぜこのような時代が形成されたのだろうか。

本書の課題は、「いのち」とは何かをあらためて探りなおすことにある。「いのち」の孤独がもたらしたさまざまな問題点が社会のなかに堆積し、「いのち」を孤独な存在にしながら展開してきた現代世界の限界がみえてきたという時代状況が、この課題を私たちに与えている。

目次——いのちの場所

装画・秦　直也
装丁・後藤葉子

第一章　「いのち」の孤独

はじめに、ショーペンハウエルの『自殺について』を読んでみよう。この本は一八五一年に書かれたショーペンハウエルの最晩年の作品であり、生と死についての洞察が中心におかれている。彼が述べていることを、私自身のことにあてはめながら紹介してみよう。

私たちが生きている世界、それは私たちによって認識された世界である。たとえば私は群馬県の上野村という山村と東京を往復しながら暮らしている。上野村には奥行きの深い自然があり、伝統的な共同体の雰囲気が残っている。他方東京には、東京的景色が広がっている。それが私が知っている上野村と東京である。だがそれが真実の上野村と東京なのかと問われれば、私は答えることができなくなる。なぜなら私の知っている上野村も東京も、私によって認識されている上野村と東京なのであって、それがこの村と都市の真実の姿なのかと問われれば、私は答えようがない。

上野村と東京は私が感じとっているとおりの場所だと私は思っている。その意味では確信をもって私はこの村と都市を説明することもできる。だがそれは私が認識している上野村と東京だ。とすると認識されたものである以上、それが真実の姿なのかどうかを私は知ることができないのである。その理由は、認識されたものしか人間は知ることができないというところにある。

自己というものに対しても同じことがいえる。私は認識された自己しか知ることができない。そうである以上、本物の自己、真実の自己は私が知ることのできないところにある。ショーペンハウエルは次のように書いている。

我々が〔……〕知覚するところのものすべては単なる現象でしかない。〔……〕我々は物をそれがそれ自体においてあるがままには、即ち物が我々の知覚を離れてあるであろうようには、認識できないのである。これがもともとカント哲学の核心である。

（「我々の真実の本質は死によって破壊せられえないものであるという教説に寄せて」『自殺について　他四篇』斎藤信治訳、岩波文庫、一九五二年、九－一〇頁）

人間は知覚をとおして認識されたものしか知ることができない。ゆえにカントが「物自体」という言葉で呼んだ本物の姿はとらえられないのである。とすると、生とは何か、死とは何かという問いに人間は答えることができるだろうか。人間は自分たちが認識している生、認識している死しかとらえることができないとするなら、生の本質や死の本質もつかみえないものとして存在していることになるだろう。もしもそうだとするなら、私たちは確かに生きているのに、知覚によってとらえられた生を知っているだけで、生の本質を知らずに生きているという不条理をかかえていることになる。

一般的にいえば、私たちは世界を客観的に認識すべきだという言説に馴らされている。主観的にとらえるのではなく、客観的に考察すべきだと。ところがショーペンハウエル的にいえば、それが問題なのである。なぜなら客観的にとらえられた世界とは、知覚によって認識された世界にすぎず、世界の真実の姿ではないにもかかわらず、それが真実だと思い込む陥穽にはまるからである。そうなってしまうと、真実の姿はつかみとる対象ですらなくなってしまう。

ショーペンハウエルの代表作は若い頃に書かれた『意志と表象としての世界』(一八一九年)で

あり、その後はこの作品を深めるかたちで思索をつづけていた。ゆえにこの論文においても代表作に触れながら論旨を展開している。

> 「世界はわが表象である」という私の第一命題からして、さしあたり次の帰結が出てくる、――「最初にあるのは我で、それから世界があるのだ。」（同上、一二頁）

自分の知っている世界が自分の認識した世界でしかないとするなら、私がいるからこの世界が存在しているということになる。ゆえに死は、私がいるからこそ成立している世界を消滅させることになる。生きている人間が認識している世界が終わるのである。だがそれは知性がつかみとった世界が終わることでしかない。

> 彼の死にともなって〔……〕客観的世界は、その世界の展開の媒体である知性と一緒に、彼から消滅してしまう。（同上、一三頁）

だが知性によってはとらえられないところにある人間の本質も世界の本質も、そのことによって損傷を受けるわけではない。なぜならそれらは、知性の到達できないところに存在しつづけるからである。

死とともに意識はたしかに消滅してしまうのである。これに反して、それまで意識を生み出してきていたところのそのものは決して消滅することはない。〔……〕意識は直接には知性にもとづいている。（同上、一五頁）

我々が死によって知性を喪失する場合には、それによって我々は単に根源的な非認識的な状態のなかに移されることになるにすぎない。（同上、一七頁）

生の本質も死の本質も認識の彼方にある、ということである。とするとその本質をどう押さえておけばいいのか。ショーペンハウエルの答えは「無」である。

死はたしかに我々には無への移行として現われてくる。〔……〕死ぬところのものは、一切の生命〔……〕がそこから湧き出てくるところのそのもとに出かけてゆくのである。
（同上、一九頁）

ここで断っておけば、「無」とは何もないということではない。「無」とはどうやってもとらえることができないという意味である。つまり認識の彼方にある、ということである。認識することができないから、「無」としかいいようがない。たとえば人間の本質は「無」であるという言い方がある。それはこんなふうに理解すればいい。人間がつくりだすさまざまな現象は、私たちが認識できる範囲にある。たとえば私がどんな体つきをしているとか、どんな経歴でどんな仕事をしているとか、どういう感覚や行動基準をもっているとか、そういうことは認識可能な事柄である。それは知性によってとらえうるものであり、それゆえにショーペンハウエル的にいえば知覚がとらえた現象でしかない。私の本質はこれらの現象の奥にある。奥の方にとらえることのできない私なるものが存在しているのである。この私なるものはけっしてつかみとることのできないものであり、ゆえに「無」なのである。だから私たちは「無」から誕生し、死を迎えて「無」へと還っていく。その間に生じた生の時間でだけ、人間たちは生の現象をつくりだし、その現象を私たちは認識するにすぎない。ただしこの生の時間においても、生の現象をつくりだしている、人の奥にある本質は「無」でありつづける。

ショーペンハウエルは「私」の本質としての「私なるもの」を「意志」としてつかんでいる。もう少し引用しておこう。

意志は死によって知性の喪失を蒙る。意志はここで没落してゆく現象の核心であり、それは物自体として不滅のものである。（同上、二四頁）

しかしその不滅のものを私たちはとらえることができない。

我々にとっては死はどこまでも否定的なものである、——即ち生の終焉である。しかし死にはまた積極的な面もなければならないはずであるが、この面は我々には隠されたままになっている。何故なら我々の知性にはこの面を把捉しうる能力が全然欠けているからである。それ故に我々は死によって失うところのものはよく認識するのであるが、それによって獲るところのものについては知らないのである。

（同上、二二四頁）

さて、いまショーペンハウエルの引用を重ねてきたのは、自分の思想や哲学に対して忠実に生きた人を私が好きだからに他ならない。彼にとって「意志」は根拠なく生きようとする衝動をもっているものである。この衝動が生の現象をつくりだす。この現象に本質はないにもかかわらず、人間はこの現象と付き合わなければならない。だから人生は苦悩と退屈とに振り回されることになる。とともにそれをみつめたときに現れる絶対的な孤独とも付き合わなければならない。彼はそういう人生を忠実に生きた。

ところで人間の知性は本質をとらえることができないという見方は、ひとつはカントの哲学から出てくるものであるが、もうひとつは仏教の唯識論《ゆいしきろん》からの発想でもある。「物自体」を知性はとらえられないというカントの発想をめぐっては、さまざまな議論がカントの死後におこなわれてきたが、ショーペンハウエルのカントの読み方に私も同意できる。ともに彼がこの解釈に自信をもっているのは、ショーペンハウエルが二十代から仏教研究を重ね、ここからくる思想とカントの読み方が一致したからであろう。

仏教の唯識論の立場にたてば、私たちの周りには認識した世界だけが広がっているのであり、その意味でこの世界は「こころ」がつくりだしたものである。認識可能な現象だけの世界が広がっていると思えばよい。そして人間の「意識」はこの現象をとらえることはできても、本質を知ることはできないと仏教は教える。この仏教の「意識」をショーペンハウエルは知性としてとらえているが、仏教に忠実にいえば「意識」は六識からなるととらえられている。耳識、眼識、舌識、鼻識、身識、意識である。たとえば耳も単なる音を聴く器官ではなく、聴くことによって判断する「意識」である。同じように眼や舌や鼻、身体もひとつの「意識」である。ところがこの六識がすべてではない。その奥にとらえられない「深層意識」がある。この「深層意識」も二段階になっていて、末那識《まなしき》、阿頼耶識《あらやしき》からなるととらえられる。ショーペンハウエルのいう「意志」は末那識に対応するものであろうが、末那識は自我とされることもある、人間の奥にあるとらえられない「意志」である。ところがもうひとつ奥に阿頼耶識がある。末那識でさえとらえられない以上、阿頼耶識もとらえようもないが、それは深層意識の奥にある深層意識であり、意識の根源であるといってもよい。ショーペンハウエルも「意志」が普遍的なものから個別的なものへと段階を重ねていきながら客観化されていく過程をみているが（『意志と表象としての世界』)、とらえられないものを根源にもちながら現象的な生や世界がつくりだされていると考えるのが仏教の視点でもある。

だから仏教は真理とは何かを説き明かさない。キリスト教やイスラム教なら真理は提示されることになるが、仏教は説くことのできない根源に真理をおく。もっともそれでは何が何だかわからないから、ある程度の説明を施すことはある。しかしそれも、あえて言葉にすればこうなる、といっているだけであり、本当の真理はその言葉の奥にあるもの、解き明かせないものであることを忘れない。だから多くの仏教は真理を示すのではなく、真理に気づくための方法を提示することになる。禅宗においては禅修行を積むことがその方法であり、道元の思想だと真理は座禅を組んでいるときにつかみ取れるということになる。浄土系の仏教ではひたすら南無阿弥陀仏を唱えるのが真理を知る方法であり、あるいは南無阿弥陀仏を唱えているときが真理を知るときなのである。同じ役割をはたすのが真言密教では阿字観《あじかん》であり、修験道《しゅげんどう》では山の荒行になる。もっともそういう修行をすれば真理を知ることができるのかと聞かれたら答えられない。なぜなら真理を知るということの彼方にあるものが真理だからである。

ショーペンハウエルの哲学が、わかりやすい文章で書かれているにもかかわらずわかりにくいのは、彼の思想の基盤に仏教思想があるからであろう。人間の生の奥底にはつかむことのできない「意志」がある。その意志が人間に生きることを求める。ところがなぜ生きなければならないのかはわからない。なぜなら生きることを求めている「意志」とは何かがわからないからである。しかも生きているうちに、人間は知性によって生を理解するようになる。だが知性は「意志」をとらえることができない。だから生への衝動は、「意志」がもたらす生への衝動とは無関係に、知性で理解された生への衝動を実現しようとし、ここから人間の生の根本的な虚無性が発生する。さらに「意志」の衝動がわからないから、死の意味もとらえられなくなってしまう。なぜならショーペンハウエルにとっては、「意志」は生死を貫くものだからである。「意志」は生を生きる衝動であるとともに、死を生きる衝動でもある。そういう「意志」を保有するものとして、自然の生き物たちも人間も同一なのである。とすると一番奥には、すべての生き物たちが共有する「意志」があることになるのだが、それはわからないものでありつづけるしかない。

この思考様式は彼が仏教から学んだのだろう。ところが仏教においては、わからない本質を知りうる方法が存在する。それが「行《ぎょう》」であり、「行」の方法はさまざまであっても、知りうる方法は提示されているのである。だからたとえば密教においては、目標は即身仏におかれる。「行」をとおして真理を知ることができたなら、それがすなわち仏だからである。親鸞の思想でも一心に南無阿弥陀仏を唱えたときに人間は往生をとげると考えるのは、そのとき真理が会得できるからである。

ところがショーペンハウエルの哲学はこの「行」の部分をもっていない。わからない本質に到達する方法を所有していないのである。それは哲学と仏教との違いであるといってもよい。「行」によって真理がみいだされることを信じるのが仏教であり、しかし哲学はあくまで論理的考察によって真理をみつけようとする。だからショーペンハウエルも論理的考察を重ねていくのであり、にもかかわらず彼にとって真理は到達しえないものであるのだから、彼を襲うものはある種の倦怠になる。わからないものに突き動かされて生きている苦悩と、理性ではとらえられない、それゆえに目的性のない人生を送らなければならない退屈とが、彼を襲うことになる。

だから、〈人生の目的は自己実現〉などと呑気にいっていられれば、彼も悩むことはなかっただろう。だがショーペンハウエルは、こんな低俗な発想をもちろん認めることはできなかった。

今日の時代は、精神的に無能であり、あらゆる種類のいかがわしいものに対する崇敬の点で卓越している。〔……〕こういう時代にあっては、汎神論者達までが、人生は「自己目的」(これが彼等の用語だ)である、などと言って恥じることを知らない。

(「現存在の虚無性に関する教説によせる補遺」同上、三九頁)

もうひとつ次の点にも触れておくことにしよう。ショーペンハウエルにおいては、奥底にある「意志」はすべての生き物に共通するもの、その意味で普遍的なものとしてとらえられているが、仏教、とりわけ密教や華厳の考え方では、それはあらゆるものが結び合って形成されているととらえる。つまり人間の奥底には、すべてと結び合っている世界があるのであり、それは個体性に依存するものではないのである。ショーペンハウエルの時代のドイツ仏教研究は原始仏教の研究が中心におかれており、そこでは悟りを開いて仏になるまでの輪廻転生が課題になっていた。つまり人間の個体性が堅持されているのである。だから釈迦が悟りを開いて仏陀になったというようにとらえる。仏陀もまた個体性をまとっている。ところが大乗仏教では、仏陀は人格をもたない。釈迦がみつけだした真理が仏陀なのである。真理は個体性をもつ人間のものではなく、それを超越した普遍の真理である。

真理はすべてが結び合う世界の方にあり、個々の人間という存在を超越している。にもかかわらずこの結び合う世界を根底において、それぞれの人間も、そして自然も誕生しているのだから、すべてのものは仏性をもっているということになる。仏性をもつとは仏になる種をもっているということであり、それは個人のなかにあるというより、結び合う真理の世界を基底において個々の人間も自然も誕生しているから、奥底には真理があり、それが花開けば誰もが仏、菩薩になることができるということである。すなわち個体性は本質ではなく現象だということになる。にもかかわらず現象にとらわれて苦悩する人間を救い出す方法を提示しているのが、大半の仏教なのである。

つまり奥底に存在する結び合っている世界と、それを知るための「行」は一体なのであり、「行」こそが人間の奥底にある個体性を超えた本質を感じさせる方法なのだといってもよい。さらにいえば「行」を信じる、「行」にすべてをゆだねるのが仏教であり、ゆえに「行」と「信」は一体であり、さらに真理をみいだすこととも一体である。教えに真理があると考える宗教とは、その点が根本的に異なっている。ショーペンハウエルは、哲学である以上やむをえないのだが、「行」と「信」を外したことによって、仏教的な結び合う普遍の世界にこそ本質が現れている、という視点をもつことができなかった。だから結び合う真理の世界に身をゆだねることができず、個体性をもつ人間の論理を超える視点をもつことはなかったのである。それが彼個人としての苦悩を生むことになった。仏教思想に依拠しながら、仏教の大事な部分を外したことによって、解決のつかない苦悩を背負うことになった。

さて、はじめにショーペンハウエルに依拠しながらこのようなことを述べてきたのは、第一に、「いのち」は自明のものではないということを確認したかったからである。現代の私たちは「いのち」は個々人のなかにあると考えている。「いのち」の終焉は心臓の停止か脳の停止によってもたらされると。そうとらえるのが、現代人の「精神の習慣」であるといってもよい。そしてもしも「いのち」が個々人のものであるとするなら、個人の終了、すなわち死は「いのち」の終了であるばかりでなく、「いのち」があるがゆえに成立する自分の生きる世界の終焉であり、自分にとっては世界の終わりを意味することになる。それは何もかもがなくなることだ。それが人間たちに深い喪失感や苦悩をもたらすことになる。

それだけではなく、「いのち」が個人のものであるとするなら、その「いのち」ははなはだしく平等性を欠いていることにもなる。生まれてすぐに亡くなる人もいれば、天寿を全うするように生きる人もいる。病弱な人も健康な人も、厳しい社会環境のなかで生きる人も安定した家庭環境や社会環境のもとで生きられる人もいる。障害者も健常者もいる。個人を基準にしてとらえるなら、そこからみえてくるのは「いのち」の存在の不平等である。なぜ餓死する危険性をもちながら生きる「いのち」と、何も心配することなく成長していく「いのち」とが地球上には存在するのか。個人としての「いのち」は不条理に満ちている。

もちろん私は、このような不条理を解消していく努力はつづけられなければならないと考えている。現代世界がつくりだす不条理な構造は、つくりなおすことができるはずだと。だがそれでもなお個人としての「いのち」の存在は、完全に同一には、その意味で平等にはならない。それを人間はときに受け入れ、ときにあきらめるしかないのか。

明らかなことは、「いのち」は個人のものだと考える現代人の精神の習慣に依拠するかぎり、この問題は解決がつかないということである。

ショーペンハウエルは生きるということに価値をみいださないことで、この問題を解決しようとしたようにみえる。彼は一般的には厭世的な哲学者と評されることが多いが、もしも生きることに価値がない、意味がないのだとするなら、意味のない人生を送っているという点ですべての人は平等なのである。この意味のない人生を送らなければならない苦悩と退屈とだけが、すべての人を襲うことになる。ショーペンハウエルにとっては、このような意味で、「いのち」は平等である。それは「いのち」を個人のものとした哲学が、「いのち」の平等性を発見するひとつの道筋であった。

だがこの思考に同意するためには、「いのち」の奥にある「意志」、とらえられない「意志」の存在にも同意しなければならない。その存在をみいだしているからこそ、ショーペンハウエルは虚無でしかない「意志」の現象としての生を甘受することができた。ところがこのことに同意するのは容易ではない。なぜなら「意志」はわからないものとして存在しているからである。わからないものに同意するのは簡単ではない。彼が依拠した仏教に忠実に従うなら、このわからないものをわかる方法だけは提示されていた。それが「行」と「信」である。ところがここでも「行」に対する「信」があれば、さらに「行」をおこなえば必ず本質がわかるのかといえば、その問いに答えることはできない。なぜならその問いに答えること自体が、本質はわからないという命題の否定になってしまうからである。とするとここでも「いのち」の本質は不明だということになる。

はっきりしていることは、現代人はこういう議論を避けてきたということである。確かにこれは、解決のつかないやっかいな問題だ。だがショーペンハウエルも仏教もいうだろう。解決をつけようとすること自体が知性の求めであり、その知性は本質をとらえることのできないものにすぎないのだと。ところが、では「いのち」を知性によって把握できるものとしたとき、人間は自由な生を手にすることができるのかといえば、またそうではない。なぜなら現代の知性は「いのち」を個人のなかにみいだし、そうであるかぎり、人間には「いのち」の終焉という不条理が待っている。さらには「いのち」の不平等をも前提にしなければならなくなる。すなわち、この思考もまた解決のつかない矛盾を私たちに背負わせてしまうのである。

とすると「いのち」とは何なのか。それはどこに存在しているのか。はたしてこの問いに対する答えは、不明なままでいるしかないのだろうか。

第二章

上野村の小さな集落

私の暮らす家は東京と群馬県の上野村とにあって、私にとっては上野村が本拠地である。一九七〇年代に入った頃、私はこの村を偶然訪れ住みたくなった。

山また山に包まれた村である。江戸時代には養蚕が村の産業の中心であったが、稲作をした歴史をもたない村である。正確に述べれば、戦後の食糧難の時代に水田をつくった家が何軒かあったのだが、短期間で終わった。地形的にも、日照の確保という点でも、さらに谷川の水の冷たさという点でも稲作ができる地域ではないのである。

村はいくつかの集落からなっている。そのなかには百軒近くからなる大きな集落もあるが、ほんの数件しか家のない小さな集落もある。その小さな集落のひとつに神行《かんぎょう》がある。上野村から長野県へと抜ける県道から山道に曲がると、山の中腹にこの集落はある。二軒の家族だけが暮らす集落である。道の終点近くに樹齢五百年と伝えられる大きなサワラの木が立っていて、その横に小さな阿弥陀堂がある。二軒の家があるあたりは山の中腹であるにもかかわらず小さな盆地のような雰囲気をもっている。三方を山が包み、一方だけは厳しい崖になっているのだけれど、そこは背の高い木々の森になっていて、あたかも森に包まれた盆地のように感じる。二軒の家と「盆地」の底から緩やかに上がっていく斜面につくられた畑、そしてそれらを包み込む森と山。大サワラと阿弥陀堂。それがこの集落の景色である。

村にいるときは、私はこの景色が好きでよく神行に遊びにいった。ときどきこの集落に暮らす新太郎さんが家から出てきて、私の相手をしてくれた。山の中腹の二軒だけの集落だけれど、二軒ともに息子夫婦や孫たちがいて、結構元気な集落でもある。

ある日、新太郎さんが周りの景色をみながら私に説明してくれた。温かい秋の日差しがさしていて、穏やかな景色がそこには広がっていた。

この家で生まれた、と新太郎さんは言った。この景色をみながら育った。学校に行くときだけこの景色から離れ、帰ってくるとまたこの景色とともに暮らした。あの畑を耕していろいろなものをつくった。それらが食卓を飾った。林業で暮らしていこうと思って周囲の山に木を植えた。その木は順調に育って、いま周りの山の景色をつくりだしている。ところが木が育った頃には木材価格が下がって林業ではやっていけなくなったから、いまは木が大きくなっていく景色とともに暮らしている。阿弥陀堂の横に墓がある。もう歳だからそのうち死ぬだろう。死んだらあの墓に入る。私のすべてがこの景色のなかにある。

ひとつだけ付け加えておけば、林業が苦しくなったとき、新太郎さんはヤマメの養殖をはじめている。集落につづく道を下って県道に出て、そこから川沿いの道をさかのぼっていく。県道から林道に入って五、六キロいったところにほどよい沢があって、その水を利用してヤマメの養殖をはじめた。だから正確にはこの集落の外にも自分の暮らす景色をもっていた。といっても彼の人生の大半が神行集落の景色とともにあったことに変わりはない。

そんな話をしながら、新太郎さんは実に穏やかな表情をしていた。彼の人生はそれで十分であり、何ひとつ不足がないほどに満ち足りていたのである。生まれて死ぬまでのすべてが、この景色とともにある。

もっともその話を聞きながら、私は少し動揺していた。私が暮らしてきた世界はもう少し広い。多様性があるといった方がいいのかもしれない。私は東京の生まれだし、上野村に暮らす場所もある。新太郎さんの何百倍もいろいろなところに出かけていったことだろう。そういう暮らし方をしてきた人間は、ひとつの景色のなかに自分のすべての人生が詰まっているという存在のあり方を、受け入れることができるのだろうか。おそらくそれは難しいだろう。しかしいまこの話をしてくれている新太郎さんは、何の不安もない満ち足りた表情をしているのである。もっと広い世界に生きた私は、はたして同じくらいの歳になったとき、新太郎さんと同じように満ち足りた表情で自分の人生を語ることができるだろうか。おそらくそれは無理だろう。とするとこの狭い集落の景色に人生のすべてを感じている新太郎さんの方が、よい生を獲得したことになる。

新太郎さんの生のありかはショーペンハウエルとはかなり違っている。ショーペンハウエルがみつめていたのは、自分自身の生だ。知性がつかみとった表象でしかない世界に包まれ、自己自身もまたこの生の世界のなかでは虚無でしかない。それが彼にとっての生のありかである。その奥にある「意志」への諒解がなければ耐えられないような生がここにはある。

ところが新太郎さんがみつめていたのは、自分と関わるものとともにある生である。子どものときにはこの集落の景色が関わるものであり、その関わりのなかに新太郎さんは自分の生を存在させていた。後に畑を耕し山に木を植えるようになってもこの関係は変わらなかった。畑への関わりのなかに生があり、森への関わりのなかに自分の生が存在していたのである。新太郎さんはすでにこの世を去って、彼が言ったとおりの墓に埋葬されているけれど、まだ元気なうちから自分の眠る墓について話していた。この集落に暮らした人びとがそうしたように、集落の墓に眠る。それがこの集落の景色とともに生きた人間の諒解できる死であり、この景色のなかに表されている関係の世界が彼の生のありかである以上、死もまたこの景色とともに存在するのである。

もちろん新太郎さんにとっても、自分の生命は保有されている。それはとりあえずは自分だけのものだ。自分の心臓や血液の動きとともにそれは成立していたのだから。しかしそれは新太郎さんの「いのち」のありかではない。ここでいう「いのち」のありかとは、「いのち」が存在する場所という意味なのだが、彼はこの集落の景色に現れているさまざまなものとの関係のなかに、自分の「いのち」を存在させてきたのである。畑との関係のなかに、自分の「いのち」のありかがあった。森との関係のなかに、自分の「いのち」は存在していた。さらには墓との関係のなかに、自分の生きる存在の世界があった。身体や知性としての生命は自分だけのものであっても、新太郎さんの「いのち」は関わり合う世界のなかに存在の場所をもっていたのである。とすると彼の満ち足りた表情は、自分の「いのち」の存在のあり方に対する納得からきていたことになる。

ここからみえてくるのは、個体としての生命と、その「いのち」が存在するということとの違いである。

上野村に滞在するようになってしばらくの間は、私はこの村を流れる神流川の源流に近い集落、浜平で過ごしていた。この集落には昔からの鉱泉宿があって、はじめは客として泊まり、長期滞在を繰り返しているうちに親戚のようになってしまった。

鉱泉宿は川沿いの道の脇にある駐車場で車を降りて、橋を渡ったところにある一軒宿だった。すぐ前の川は私の釣り場で、この浜平の人たちから私は森のことや山菜、茸、畑づくりなどを教わった。

ある日、駐車場の隣にある家のおじいさんが、病気になって伏せっているという話を聴いて私は見舞いに行った。玄関から声を掛けるとおばあさんが出てきて、「よく来てくれたねえ」と言いながら私を奥の部屋に案内した。おじいさんは寝てはいたが思ったより元気だった。

「わざわざ来てくれたの、悪いねえ」とか言いながらにこにこしていた。

と、おばあさんが言った。「おじいさんもそろそろだよう」。この言葉に私は戸惑った。東京でなら、たとえ今晩がヤマだと皆がわかっていても、必ず治るからと励ますのが流儀だ。ところがここでは、まだ元気そうなおじいさんを前にしてこんな会話がおこなわれている。私はどう返事をしたらよいのかわからずに困っていた。おじいさんはこのおばあさんの言葉をにこにこしながら聴いていた。

それから三ヶ月ほどがたち、おじいさんは亡くなった。

その後数年がたち、おばあさんが風邪をひいた。訪ねてみるとおばあさんは寝込んでもいなくて元気だった。と、おばあさんが言った。「わたしはこの風邪が治らずに死ぬことになるよ」。私は「とても死ぬようにはみえない」と言って笑った。

一月くらい後に、この家の息子さんが畑で何か工事らしきことをしていることに気づいた。息子といっても仕事が定年になったばかりの歳の息子である。畑に行ってみると、息子さんが手を休めて顔を上げた。「何をつくっているの」と私が聞くと、「ばあさんが墓をつくれというもんでね」と言って笑っていた。なんでもおばあさんがこの場所に、こんな感じの墓をつくるように命じたということである。

かつての上野村では、日当たりのいい一等地は畑にした。次にいい場所に家を建てた。どちらにも使えない場所に墓をつくったから、墓は日陰につくられることが多かった。上野村は耕地の少ない村である。ところが最近では、畑の役割は前より低下している。村の人は誰もが畑をつくってはいるが、自給用の作物を楽しみながらつくっているのがほとんどである。そんなこともあって、畑の一角に墓をつくる人がふえてきた。日当たりのいい一等地に墓を移すようになったのである。おばあさんもそうしたかったのだろう。

「ばあさんも困ったものだよ」と息子さんは言った。「もうじき死ぬから墓をつくれと言うのに、調子がいいとみにきて、「おまえの墓のつくり方が悪いから、わたしの頭の痛いのが治らない」とか言うんだから」。そう言いながら笑っている息子さんの顔を秋の日差しが明るく照らしていた。墓の基礎の部分を息子さんがつくり、上に載せる墓石は石屋がつくって立派な墓が完成した。それから三ヶ月ほどがたち、おばあさんは確かに風邪が治らずに亡くなった。

上野村では死はタブーではない。普通の会話のなかで「そろそろだ」というようなことが話される。私はそれになれるのにずいぶん多くの年月を必要としたが、村では特別な会話ではなかった。

風邪が治らずに亡くなったおばあさんはこの村で生まれた。まだ元気だった頃に、こんなふうに私に話しかけたことがある。「この村は日本で一番いい村だ」。私も頷いた。「僕はいろいろなところに行ったけれど、この村が一番いい」。そのときおばあさんが〈不思議なことを言うねえ〉というような顔をして私をみてつなげた。「わたしはこの村から一歩も出たことがない。一歩も出たことのない者が言うんだから、間違いない、この村が日本で一番いい村だ」。

このおばあさんにとって「一番いい」という基準は、相対的なものではなかったのである。絶対的なものだった。他と比較する必要もないほどにいいから、日本で一番いい村なのである。比較したら、少なくとも部分的にはもっといい村があるかもしれない。冬暖かいとか、広い農地があるとか……。しかしおばあさんにとっては、そんなことを超越したものとして、この村が一番いいのである。ただし「この村から一歩も出たことがない」はちょっと違っている。なぜなら私はおばあさんに頼まれて、近くの都市まで買い物に連れていったことが何度かあったのだから。といってもそれはどうでもいいことだろう。暮らす世界としては、このおばあさんは村から「一歩も」出たことはなかった。

おばあさんが暮らした村は、共同体的雰囲気が色濃く残る世界だった。上野村は私がはじめて行った頃は、「群馬のチベット」といわれていた。バスの便はあったが出発点になる高崎線の新町駅から二時間以上かかった。私は東京から車で出かけていたけれど、途中で渋滞にはまると十時間以上かかることもあった。車にはいつもスコップが積まれていて、山から崩れてきた土砂をどけてその場所を越えるというようなこともしょっちゅうだった。ある時期からは「群馬のチベット」という表現は使われなくなったが、その理由はチベットの人たちに失礼だと気づいたからである。

こんな地理的なこともあって、上野村は戦後の近代化から取り残されていた。ただしそれだけがこの村に共同体的雰囲気を保存させたわけではなかった。戦後の上野村については黒澤丈夫村長抜きには語れない。私がはじめてこの村に出かけた頃は、黒澤村長が二期目に入った頃だったが、彼は九十一歳になるまで、四十年間村長を務めている。いまでも上野村は黒澤村長がひいたレールの上にある。黒澤村長は高度成長期の日本を、日本が崩壊していく過程としてみていた。その理由のなかには山村の過疎化などもあったが、経済中心の社会が「まともな社会」を崩壊させていくと感じていたのである。だから村長は繰り返し村人に訴えていた。〈現在の日本の動きに惑わされるな〉〈この自然を守っていけば必ず日本のトップランナーになる日が来る〉〈上野村の人間は昔から上野村一家として暮らしてきた。この共同体を守り抜こう〉。都市の動きに影響を受けなかった地理的な不便さとこのような村の路線とが、上野村に共同体的な雰囲気を残させたといってもよかった。

共同体は近代的な意味での社会ではない。「社会」は明治以降の翻訳語で、それは生きている人間たちによってつくられている世界である。近代になるとそれは社会契約によってつくられているととらえられるようになっていくが、生者の世界が社会である。ところが共同体はそうではない。それは自然と生者と死者によってつくられている世界である。ただし共同体という言葉もまた明治の翻訳語である。英語のコミュニティ、ドイツ語のゲマインデ、フランス語のコミュノテを訳すためにつくられた言葉と思えばいいが、それまでの日本では村とか町といわれていたものが今日共同体と呼ばれているものである。

だから上野村が村であろうとしたことが、今日的にいえば共同体であろうとしたということになる。この村では、村は生者だけのものではなく、自然と生者と死者が暮らす場なのである。日本の伝統的な社会観では、ここではあえて社会という言葉を使うが、社会は自然と人間の社会だった。社会の構成メンバーのなかに自然が入っていた。人間が自然の上に立つのではなく、ともにこの社会をつくっているのである。ともに人間のなかには生者と死者が含まれていた。柳田國男の説に従えば、死者の霊は近くの山に行ってそこで次第に自然と一体になっていく。そして祖霊となり、子孫たちを守る神になっていく。日本では祖霊を仏と呼んだり神と呼んだりしてきたけれど、神と仏を分けない神仏習合が伝統的な日本の考え方である。

とすると前記したおばあさんは、自然と生者と死者の世界で暮らしてきたことになる。それはこのおばあさんにとっては、かけがえのない世界だった。他と換えることのできない自然が村にはあり、他の死者たちと換えることのできない祖霊に包まれておばあさんは暮らしてきた。交換不可能な絶対的な世界とつながりながら暮らしてきたのである。このおばあさんの生は上野村の自然と死者たちとのつながりのなかにあった。

その自然や死者たちは、特別な生き方をしてきたわけではない。自然はあるがままに暮らしてきただけだ。春には草木が芽や葉を伸ばし、その頃には鳥たちが巣をつくりはじめる。そして燃えさかる夏を迎え、次第に秋の営みへと移っていく。自然の祖先たちがそうしたように、自分たちもそんな一年を過ごしていく。この特別さのなさが自然の営みである。そして村の祖先たちも村では当たり前の一生を遂げてきた。畑をつくり、山で働き、結婚して子どもをつくり、ある日子どもに家督を譲って隠居生活に入る。隠居といっても仕事はそれまでと変わるものではない。家での営みの差配を子どもに譲ったということである。そしてあるとき墓に入る。自然と同じように、さして特別なことをするわけでもなく、村ではごくありふれた一生を遂げる。

もちろん一生の間には、たとえば農業などで新しい試みもするし、それがうまくいって村に貢献することもある。村人はさまざまな面でたえず工夫もしている。しかしそのようなことをも包み込みながら、村ではありふれた一生が展開する。なぜならその試みや工夫は個人がおこなっているものであるとともに、共同体のなかで不断におこなわれていく試みや工夫の一コマだからである。つまりそれは個人の工夫であるとともに共同体の工夫なのである。それは家族のなかでの工夫が、個人の工夫であるとともに家族の工夫であるのと同じことだ。だから新しい試みや工夫をする人たちもまた、共同体を基準にしてみれば、ありふれた一生を遂げてきた人たちなのである。

このありふれた一生を受け継いでいくことが共同体を守ることだった。自然の生き物たちがありふれた一生を受け継いでいくことをとおして自然を守ってきたのと同じように、人間もまたありふれた一生を受け継いでいくことをとおして、自分たちの共同体を守っていく。

だから村ではこんな会話が交わされる。「あの人はやるべきことをすべてやった人だから」。やるべきことといっても特別なことをしたわけではない。普通に畑を耕し、普通に山仕事をして、普通に暮らしてきただけだ。だがそれこそが「やるべきこと」なのである。もちろん特別なことをする人もときに現れるだろう。その人が新しい産業をもたらしたり、新しい考え方を提供したりすることはある。だがそれらが共同体を強めることになるとはかぎらない。一時はうまくいくようにみえても、長い間にはそのことが共同体を少しずつ壊していくことになるかもしれない。新しいことには危険性も伴っているのである。しかし、だからといって新しいことを拒否するわけではない。大事なのは、新しいことが村のありふれた生き方と融合していくことなのである。融合できないような新しさは、共同体を壊すことになる。それは戦後の日本の農山村ではよく起こったことで、共同体の普通の労働や暮らしと習合できない新しさが村に入ってきたとき、村は少しずつ壊れていった。

だから村人がおこなう工夫は有意義なことが多いのである。なぜならそれは村でのありふれた一生のなかから生まれてきた工夫だからである。Ｉターンで村に引っ越してきた人たちが戸惑うのはこの点で、彼らがいくらよい方法を示しても、村人はなかなか受け入れようとしない。その結果、村人は保守的だと感じたりもするのだけれど、本当はそういうことではない。彼らが持ち込んだものが、村のありふれた労働や暮らしと習合可能なものなのかどうかを、村の人間は慎重に見極めようとしているのである。だからたとえ受け入れるにしても、受け入れるまでには時間がかかる。村では共同体の持続が何よりも重要なのである。

上野村は共同体的な雰囲気をよく残している村だから、普通に生きるということをやり遂げた人たちを尊敬するという雰囲気がいまでも残されている。だから「あの人はやるべきことをすべてやった人だから」、なのである。それはありふれた一生をやり遂げた人への尊敬であり、共同体を守った人に対する尊敬である。「あの人は立派な人だ」というような会話も村ではよく聴かれる。ありふれた一生をやり遂げた人こそが立派な人である。

共同体はつないでいく社会なのである。世代から世代へとつないでいく。だからそのつなぎのなかで死もとらえられていた。先祖たちはありふれた一生をやり遂げて、死者となっていった。そして自然と一体化していまの共同体を見守っている。このつながりのなかに加わっていくことが村での死の意味だ。だから人が亡くなったとき、葬儀は遺族が出すものではなく、共同体が出すものだったのである。人が亡くなると、お葬式を出す講の人たちが集まってきて共同体の葬式の準備をはじめる。遺族はそれに従う。共同体のメンバーとして送り出すのである。上野村では旧盆のときに、先祖の迎えは各家でおこなう。先祖は家に帰ってくるから、それぞれの家で迎えるのである。ところが送り火は村全体でおこなう。村の中心にみんなが集まり、京都の大文字焼きと似たことをして共同体の先祖として送り出す。

こんな雰囲気が残っているから、村人は歳をとっても死を恐れることもない。死もまたありふれた終焉であり、ありふれた一生を受け継いできた先祖たちのなかに加わるだけである。だから「そろそろだよ」なのである。ありふれた人生を受け入れていくことは、ありふれた死を受け入れていくこととつながっている。

ショーペンハウエルは、生も死も知性ではとらえられないものであると述べた。我々が知ることのできるのは、その現象だけであると。あるいは自己がとらえた表象にすぎないと。その点ではこの村の人たちも変わらない面をもっている。前記したおばあさんは、生の本質も死の本質も知性によって知っているわけではない。だがおばあさんは知っているのである。なぜなら生の本質や死の本質はこういうものだと共同体が教え、おばあさんはその共同体の一員だからである。共同体の一員として生きたこと自体が、共同体的な生死の世界を諒解させている。生きることの価値は共同体が教えていた。それは普通に、ありふれた一生を成し遂げることの重大さだった。それこそが共同体を守ってきたのだから、である。そしておばあさんは、この共同体とともに生きてきた。だから彼女の生は納得できるものであり、その納得の先に死の諒解もあった。それはショーペンハウエルとは全く違う死生観だ。生も死も知性ではとらえられないところにあるという点では同じでも、ショーペンハウエルは生と死を個人のなかにおいていた。そして個人の意志に生死を超越したものをみていた。その意志は不滅であり、それだけが本質に属するものだった。だから実際の生は虚無であり、苦悩であり、退屈なものだった。ところがこのおばあさんは苦悩も退屈もしていない。その生は確かなものであり虚無ではない。自分の存在の世界が、自分の生は確かなものだと教えていた。この存在の世界が共同体であり、彼女は共同体とともに生きることによって確かな生と死を感じていたのである。

この点では神行に暮らす新太郎さんも同じだった。新太郎さんにとっては、生と死のすべての世界が神行の小さな世界の景色のなかに描かれていた。そしてこの自然と生者と死者の世界こそが彼にとっての共同体の基盤だった。この共同体の暮らしを受け継ぎ、「やるべきことはすべてやった」満足感が彼にもあった。

二人にとって「いのち」は共同体の世界に存在のありかをもっていたのである。個人のなかに「いのち」のありかをみいだそうとしたショーペンハウエルとは違って。

ここでもうひとつ述べておかなければいけないことがある。ショーペンハウエルがみつけだそうとしたものは、普遍的な生と死の本質だった。先験的に個人としての人間が本質的なものとしてとらえられ、それゆえに個人の生と死の本質が普遍的なものとして措定されている。ところがこのおばあさんや新太郎さんはそうではなかった。生と死は何ら普遍的なものではない。「いのち」が共同体のなかに存在の場所をもつ以上、その共同体は自分が属する共同体を超えることはない。すなわち共同体の個別性を超えることはないのである。だからこのおばあさんは言った。「わたしはこの村から一歩も出たことがない。一歩も出たことのない人間が言うんだから間違いない、この村が日本で一番いい村だ」。

村＝共同体は、そこに属する者にとっては絶対的なものなのである。なぜなら自分の存在がその内部にあるのだから。だがそのことは、よその村や町に暮らす人たちにもまた絶対的な村や町があることを示している。それぞれの人たちが絶対的な存在の場をもっているということだ。その絶対的な場とともにそれぞれの生や死があるとするなら、生も死も普遍的なものではない。さまざまなものなのである。自分がみいだしている生と死は、自分にとっては絶対的なものであっても、普遍的なものではないのである。とすると、生と死に普遍的なものを求める精神の習慣自体が、ヨーロッパ的なもの、キリスト教的死生観の残影だとはいえないだろうか。

第三章　死生観と風土

一七八九年のフランス革命は、自由、平等、友愛という近代の理念を高らかにうたいあげた。しかしそれは、けっして新しい発想だったわけではない。なぜならそれは、キリスト教社会のなかで育まれていたものでもあったからである。ただしそれは、キリスト教に帰依するものだけに与えられた自由、平等、友愛であった。神のもとでの自由、キリスト教徒としての平等、そして信者たちの友愛がその内容だった。それはキリスト教徒だけに付与されたものであり、「邪教」を信じる人たちは除外される。あくまで信仰にもとづく自由、平等、友愛である。

ヨーロッパ近代の理念は、キリスト教社会が育んだ理念を宗教、信仰をはずして普遍的なものに変更させたことによって生まれた。キリスト教徒はという主語が、すべての人間はという主語に変わったのである。ただしそのことによってすべての差別意識がなくなったわけではない。むしろキリスト教に代わる新たな集合の意識を、たえずつくりだしてきたといってもよい。それはときに白人中心主義的な意識であったり、高度な文明をもつ国民、民族意識、国内では上流階級意識、さらにはゲルマン民族意識などのさまざまな新しい集合意識が生まれ、それは差別の温床でもあった。その結果近代の理念は、この理念を普遍的なものとして実現させていくたゆまぬ「闘争」を必要としたのである。キリスト教徒のみに与えられていた理念を社会思想として普遍化させたがゆえに、旧時代の精神がたえず新たな集合意識を生みだしていたのである。

ところですべての人間は平等であるといったときの人間とは何なのだろうか。近代の理念はそれを個人においている。すべての人間は平等だということと、すべての個人は平等だということは同義語であった。そしてこの考え方もまた、キリスト教社会のなかで育まれてきたものだった。すべての個人は神のもとで平等であるという考え方から、宗教、信仰をはずして普遍化したものが、人間を個人としてとらえる近代の思想だったからである。ちなみに明治以前の日本には、個人という言葉は存在しない。個人もまた明治時代につくられた翻訳言語である。江戸時代までの日本では、人間は結び合う世界、関係し合う世界のなかに存在しているのであって、独立した個人としてはとらえられていなかったのである。もちろん人それぞれという意味での個人は存在したが、その個人は結び合う世界がつくりだした突起のようなものであった。

その突起には個性も生じてはいるが、その奥にある結び合う世界の方が本質としてとらえられていたのである。

こんなふうにみていくと、ヨーロッパがつくりだした近代思想は、キリスト教的基盤がつくりだした思想を修正する、読み直すかたちで生まれてきたことがわかる。その意味ではヨーロッパ近代の思想もまた世界の普遍思想ではなく、ヨーロッパローカルの思想として成立したのである。にもかかわらずこの思想は、資本主義や植民地主義、科学思想や軍事力といった強大な力を背後にもちながら形成されたがゆえに、あたかも世界の普遍思想のように世界に伝播されていくことになった。日本でも欧米思想を受け入れるか、植民地にされるかというぎりぎりの選択を迫られたのが、幕末から明治への時代であったように、である。

ところで個人という人間のとらえ方は、たえず次のような現実をつくりだしていたこともみておかなければならない。それは個人としてとらえた瞬間に、優れた個人と駄目な個人がみいだされてしまうということである。キリスト教的にいえば、神に選ばれて天国にいける個人と地獄に墜ちる個人が生まれてしまうのである。正確には次のようにいった方がいいかもしれない。キリスト教は個人を基盤にするという性格を内蔵していた。それは前身にあるユダヤ教が、流浪の民であったユダヤ民族として生きる個人の救済を目的にした宗教、ユダヤ人として生きる個人に祝福をもたらす宗教だったことからきている。ユダヤ教の伝道師であったキリストがおこなった改革は、ユダヤ人ではなくてもユダヤ教を信じれば天国にいけるとしたことで、ユダヤ人の宗教を民族、人種を超えた普遍的な宗教に変えたことにあったのだが、流浪する個人の救済が原点にあったことは確かだった。

ところがそのキリスト教が独自の教義をととのえ、ヨーロッパ社会のなかに浸透するようになると、異なる性格が生まれてきた。当時の圧倒的多数を占める農民たちの間で、キリスト教が共同体の信仰として成立していくことになったのである。こうして教会とともにある村の共同体ができあがっていった。だがそれでもなお最終的な救済は、神が個人に対してもたらすものである。そうである以上、自分は救済されるのかという不安が生じる。だから救済を約束する免罪符が発行されていくことにもなったのだけれど、個人救済という面と教会とともにある村の共同体というふたつの性格が重なりながら展開したのが、農村における中世キリスト教の姿だった。

このキリスト教を個人の救済に再び純化させたのがプロテスタンティズムの成立であり、この流れは次第にカトリック的世界をも覆っていくことになる。こうして個人の信仰の篤さが何よりも重要になっていった。ところがそれは、前記したように、優れた個人と駄目な個人の発生でもあったのである。信仰を守り抜き、信仰とともに生きる個人と、信仰を守り切ることができずに日常性のなかに埋没していく個人が発生してくる。すべての個人は同じではないのだから、差異が発生してしまうのである。

この問題をより純粋なかたちで追求した人に、十九世紀のキェルケゴールがいた。純粋なキリスト者として生きようとしたキェルケゴールがみていたものは、真のキリスト者として生きることを見失っていく個人たちの群れだった。彼からみれば、信者も、教会の神父たちも誰一人として真のキリスト者ではなかった。神の前に一人立ちつづける個人ではなかったのである。彼らは『死に至る病』(一八四九年)にとりつかれた人びと、絶望という病にとりつかれた人びとであり、そのことを自覚することもない群衆でしかなかった。この現実をみながら、キェルケゴールは我一人真のキリスト者にならんとする。後に彼は、自覚によって実存的自己を確立しようとする実存哲学の創始者とも評されるようになるが、個人を基盤にすることを突き詰めていくと、究極的には真実を知っているのは我一人、というところに行き着きかねないのである。

私は自己の思想に純粋に生きたショーペンハウエルと同じように、やはり自己の思想に忠実に生きたキェルケゴールも好きなのだが、しかし個人を基盤にした思想のもつ苦しさはみておかなければならない。それは愚かな群衆をみいだす思想でもあったのである。ヨーロッパ思想史にはたえずこの問題がつきまとう。優れた個人、優れた思想をもつ個人をみいだすことは、愚かな群衆の発見でもあったのである。そしてそれは愚かな群衆への絶望感を高めてもいく。ハイデッガーやオルテガもまたそうであったように。

最近では聴かれなくなったけれど、二十世紀終盤近くまでの日本では、日本人は自我が確立されていないから駄目なのだという言葉がさまざまなところで交わされていた。自我の未確立、自己の思想の未確立が体制に従っていく生き方を生み、そのことが戦前、戦中の時代をつくったばかりでなく、いまの日本の駄目さまでをも成立させているという主張である。

このような話を聴くたびに私は不思議でならなかった。というのは、自我が確立されていないという言葉はつねに他者批判として使われていて、そう語っている人自身は、自分は自我が確立されていると考えていたからである。つまり自分は自我が確立されているが、みんなは自我が確立できていないという論法なのである。ところが実に多くの人たちがこう語っていたのだから、仮にこの論法を正しいとすれば、実に多くの人たちが自我を確立していることになる。これでは明らかに論理矛盾だ。

ここにあったのも、優れた個人と愚かな群衆という構図である。とともに優れた個人を突き詰めていけば、我一人にたどり着いてしまう。

人間を個人としてとらえる思想には、たえずこのような問題がつきまとうのである。そしてそれは「いのち」についてもいえる。「いのち」が個人のものであるなら、自分にとっては自己の「いのち」が絶対のものになる。自分の生の終了は世界の終わりであり、すべてのものの終焉である。もっとも霊の永遠を信じることができれば死は終焉ではなくなるが、この場合でもおそらく自己の霊が絶対的なものでありつづけるのだろう。他者や他者の霊は二義的なものでしかない。

個人として人間や霊をとらえるかぎり、自己中心主義に陥らざるをえないのである。もちろん他者に思いを寄せ、自分のことより他者のために行動する人たちはいるが、この場合でもそういう態度や行動をとる自己に満足していることに変わりはない。

十九世紀フランスの政治社会学者にトクヴィルがいるが、彼は主著『アメリカのデモクラシー』(一八三五年、四〇年)のなかで次のようなことを述べている。〈アメリカ人は美しい森や湖をみても何も感動しない。そこを農場に変えたとき、はじめて感動する。いや正確にはそうではない。アメリカ人が感動しているのは、そこを農場に変えることができた自分自身に対してである〉。この記述が正しいのかどうかを私は知らないが、ここに個人の時代の人間の精神があることは確かだ。世界の秘境を旅したときには、秘境の光景以上にそこを訪れることができた自分自身に感動し、家を建てたときには、家を建てることができた自分自身に感動している、それが個人の時代の人間の精神だからである。個人にとっては自己が絶対である以上、自己愛から離れることはない。だから他者に思いを寄せ、他者のために行動する自己が好きなのである。

こうして、「いのち」もまた自己愛の対象になる。

私たちは「いのち」がどのようなものとして存在しているのかを知らない。知っているのは、たとえば心臓が動いていれば生きているとか、母親のお腹から新しい生命が生まれたとか、そういうことだけである。もちろんそれも重要なことなのだけれど、「いのち」それ自身がどのようなものとして存在しているのかはわからないのである。ショーペンハウエル流にいえば、それは知性ではとらえられないものなのだから、知性で知ることなどできようはずもない。

だが、にもかかわらず、私たちは知っているような気分になっている。たとえばそれは「いのち」は個人のなかにあるという理解だったり、「いのち」と医学的に考察された生命は同じものだという理解だったりするのだが、何がそう思わせているのだろうか。それは私たちの精神世界が、である。とすると、この精神世界とはどのようにしてつくられたのだろうか。

前記したキェルケゴールが活動していた頃、ドイツにシュティルナーという思想家がいた。彼の代表作には『唯一者とその所有』(一八四五年)がある。この本のなかで彼が述べていることのひとつは、近代的な自由とは、近代社会が自由と定めたものを自由だと考える自由でしかないということだった。つまりそれは、自由な思考が生みだした自由ではないのである。たとえばいまの日本では、いくつかの労働法規を守りさえすれば、どのような雇用でも実現できるという経営の自由が保障されている。ところがそのことが非正規雇用を増大させ、格差社会を生みだしてきた。それは働く側にとって、自由な働き方ではなかった。もっとはっきり、不自由な働き方を強いられていると断言してもかまわない。だがそれが「自由な社会」の現実である。いまの体制が定める自由が自由なのである。近代社会はそういう社会でしかないということを、シュティルナーはみていた。

もう一人、同時期の人間であったヴァイトリングの名前を挙げておくことにしよう。彼はドイツの職人であり、ドイツを追放されてスイス、フランスで義人同盟をつくった人である。マルクス以前の初期社会主義の代表的な人として知られている。彼は自由に、平等に生きることのできる社会を模索したが、その奥には純粋に生きたいという思いがあった。たとえばそれは純粋に愛の世界を生きるというようなことである。ところが、と彼は述べている。たとえば誰かを愛したとしよう。その愛のなかに功利的な計算が全く入り込んでいないと、誰が断言できるだろうか。人によっては、相手が金持ちだから好きになるということもあるだろう。そこまで計算高くなくても、その人を愛することが自分を有利にするという無意識の計算が全く働いていないという保証はない。それはささやかな計算であるかもしれないし、自分でも気づいていない計算かもしれない。だが資本主義のもとで生きていると、資本主義がつくりだす観念に無意識のうちにむしばまれて、純粋ではなくなっていくと彼は感じていた。

シュティルナーやヴァイトリングがみていたものは、人間の意識や思考はけっして自由なものではないということだった。だが自分では自由にものを考えていると思っている。この錯覚が社会を支えている。

同じことが「いのち」に対してもいえる。誰もが「いのち」とは何かをわかっていると思っている。だが実際には、その時代、その社会が概念を提供し、その概念を受け入れているだけだったりする。

たとえば今日の社会では高齢者という言葉がよく使われる。それは新しい言葉の成立に終わらなかった。この言葉ができたことで、私たちは歳をとった人を高齢者としてとらえるようになったのである。しかもこの言葉の意味は単に年齢を重ねた人ということではなかった。仕事からリタイアした人、体調が十分ではない人、それればかりか社会保険の分野では社会保障費がかさむ人という意味までがこの言葉には付与されている。そして私たちもまた、このような視点で高齢者をとらえるようになった。社会がつくりだした概念、それもきわめて政治的につくられた概念であるにもかかわらず、それが生まれ定着したことによって、そういう思考でものごとをとらえるようになったのである。それは障害者という言葉でも同じなのだけれど、この言葉が生まれ定着したことが、障害者、健常者という視点でものごとをとらえる思考を成立させたといってもよい。

自分の考えだと思っていることのなかに、その時代、その社会が提起し、定着させた思考が忍び込んでいる。

「いのち」は個人のものだと考える思考も、同じなのではないだろうか。それが近代の発想であり、この発想にもとづいて私たちの社会がつくられているがゆえに、私たちはごく自然にこの考え方を受け入れているだけなのである。だからそれは、ある意味では共同幻想のようなものだ。本当にそうなのかは検証されていないにもかかわらず、誰もがそう思うことによって成立した共同幻想でしかないからである。

だがこう述べた以上、次のことにも触れておかなければならないだろう。それは「いのち」にかぎらず、合理的にはとらえられないものについては、たえず「そう思う」ということが関係してくるということである。知性でとらえられるものなら、検証した結果そうであるとか、論理的に考えてそれが妥当であるというような判断ができる。ところが知性の彼方にあるもの、合理的にはとらえられないものは、「そう思う」「そう感じる」ということ抜きには語りえないのである。それはもっとはっきりした言い方をすれば、「そう信じる」ということにつながる。ただし問題は、自分がそう信じているのか、それともその時代、その社会が提起したものを受け入れているにすぎないのかの区別がつかないところにある。

この「信じる」ということについて述べれば、たとえば誰かを好きになり、親しい関係になったとしよう。この場合でも、好きとはどういうことなのか、なぜ好きになったのかと論理的に追求されたら、おそらく正確に答えることはできないだろう。彼や彼女のこんな面が気に入ったというような、きわめて表面的なことはいえるかもしれないが、好きという感情はもっと奥深いものである。これもまた知性ではとらえられない、知性の彼方にあるものだろう。すなわち、双方ともがその理由を明確に論じられないにもかかわらず、二人は親しい関係になった。とすると何が二人を結んでいるのか。おそらくそれは信じるという精神だろう。どこか深いところで信じ合っているのである。

もちろんこの「信じる」は信仰とは違う。それは素朴な信じるという行為である。もっともシュティルナーの頃の哲学者、フォイエルバッハは『キリスト教の本質』(一八四一年)のなかで、素朴な愛という精神が人間から外化し、疎外された形態として成立したのが宗教だといっているのだから、この論法を使えば、素朴な「信じる」という行為の疎外形態が宗教だといえないこともないのかもしれない。だがここではそのことに深入りするのはやめよう。いま私が述べようとしていることは、論証できない、合理的に説明できないにもかかわらずそう感じていることには、どこかで「信じる」という行為が働いているということである。だから、たとえば「いのち」は個人のものだというとらえ方も、そう信じているからそう感じるということを超えることはできないのである。すなわち近代という時代が、私たちにそう信じさせているということだ。そしてもしもこの見方が正しいとすれば、非合理な領域では、私たちは信じるという行為を媒介にしてものごとをとらえているということになる。

　前章で触れた新太郎さんと一人のおばあさんの死生観も、どこかで信じるという行為と結ばれていた。もちろんここでは、共同体が生の意味、死の意味を教えるという役割をはたしていた。そして二人ともこの共同体とともに生きたがゆえに、共同体が教えているものが確かなものだと感じられた。だがこれもまた論証されたもの、論理的に説明されたものではない。共同体の内部にいるとそう思えてくる、ということを超えないのである。とするとこれもまた、そう信じているということとどこかでつながっている。論証されたものではないにもかかわらず確かにそう思うという行為は、それを妥当なものとして信じるという行為とどこかでつながっているのである。

近代の思想は宗教を社会思想から外した。それはきわめて妥当なことだった。なぜなら中世までのヨーロッパ社会では、宗教と政治が不可分のものとして展開していたからである。宗教は支配の論理と一体になっていた。それは元々のユダヤ教が、流浪の民であったユダヤ人たちを政治的にまとめていく論理と一体のものであったところからきているものでもあったが、宗教にはこのような性格がしばしば発生する。たとえば戦前の日本の国家神道も同じで、これは天皇制を軸にした国民の形成という政治的な目的と不可分なものとして形成されている。宗教が政治とのつながりをもっていた以上、社会思想から宗教を除外することは、妥当だったといわざるをえない。

だがそのことは人間たちの素朴な信じるという行為を消滅させるものではなかった。むしろ社会のなかでは、宗教でもなければ信仰でもないような、さまざまな信じるという行為が受け継がれていたのである。ところが、この信じるという行為は、これまでも繰り返し述べてきたように、論理的に明らかにすることができない。そうである以上、論理的整合性を求める近代の学問には苦手なのであり、無視されつづけることになった。

ところが「いのち」について語ろうとすると、このことは無視できなくなる。なぜ「いのち」は大事なのか。それは私たちがそう信じているからだ。もしもすべての「いのち」が大事だとすれば、私たちは簡単に虫を殺したりはできないはずだ。それなのになぜ「害虫」などという概念をつくって平気でいられるのか。なぜ虫よりも人間の「いのち」の方が大事だとほとんどの人は感じているのか。それは人の「いのち」は大事だと信じているからである。だから「信じること」の質が違えば、いかなる生き物も殺してはならないということを信じることも可能になる。

それは単なる信仰であって根拠はないと私は述べているのではない。そうではなく、そう信じることのなかに根拠がある。

上野村で知り合ったもう一人の村人の話をしてみることにしよう。上野村にはいくつかの保護林がある。ひとつはシオジの原生林で、五〇ヘクタールあまりの森が厳格な保護の対象にされている。シオジは見た目ではサワグルミとよく似た木で、林業をしている人でも間違うほどによく似ている。サワグルミは沢に近い谷底などに生えている木で、材質は柔らかくあまり用途がない。昔はマッチの軸によく使われた。それに対してシオジはケヤキのような材質をしていて、いまでも家具材としては高級材である。ほとんどが切り尽くされているから、まとまったシオジの森は上野村にしかないといってもよい。そんなこともあって上野村のシオジの森は厳格に保護されている。

森のなかに保護林を設定するという動きが生まれたとき、この村人には一ヶ所保護してもらいたい場所があった。そこは少し山を上がったところにある比較的平坦な場所で、さまざまな落葉樹からなる天然林である。私と会ったとき、「あんな場所は他にはないのです」と彼は言った。「あの森のなかに座っていると、何時間でも時間を過ごすことができるのです」「時間というものが消え去り、次第に森と一体になっていくのです」「そうするとウサギたちがすぐ横を走っていったり、動物も鳥も警戒することなく私の横で過ごしていったりするのです。私もたくさんの森のなかを歩いてきましたが、あんな雰囲気をもっている森、人間と自然の境がなくなっていく森はあそこにしかないのです」。

その森は人間が自然に還ることのできる森だったのである。だから彼はその森を保護するようにと主張した。その場所は国有林だったから、彼は当時の営林署、現在の森林管理署に頼みにいったり、さらにその上にある営林局（森林管理局）に保護林にするようにと陳情にいったりした。だが話は聞いてくれても、彼の希望にかなう返事はもらえなかった。その森を保護するに値する根拠を客観的に示してほしいというのが、営林署や営林局の返事だったからである。たとえば特別に貴重な木が生えているとか、そこに貴重な鳥や動物が住んでいるとか、絶滅しそうな草花が群生しているとか、歴史的な文化財として貴重な遺構があるとか。

ところがその場所にはそんなものは何もないのである。どこにでもあるような落葉樹の森であり、しかもかつては木を切り出したりしたこともある場所だった。つまり原生林でもない。絶滅危惧種のような動物がいるわけでもない。彼は何度も頼みにいっていたから、営林署や営林局の人たちもずいぶん困ったことだろう。

彼にとってその森は、自然と人間の境が消えていく森であり、それゆえに「いのち」の根源を知ることのできる森であった。若い頃から森のなかで働いてきた彼が、歳をとってみつけだした森なのである。林業が彼の主要な仕事であり、だから彼は木は切ってはいけないと思ってはいない。森を維持しながら有効に活用する意義は誰よりもよく知っている。しかしその場所は、特別な場所なのである。訪れた人間たちに「いのち」の根源を教えてくれる貴重な森として。「どうしてわかってもらえないのだろうか」と彼は私に話しかけてきた。私も困った。いまの日本のルールでは、シオジの原生林のように、その理由を客観的に示すことが必要なのである。このルールで社会が動いているかぎり、彼の希望がかなえられることはないだろう。では彼の主張が間違っているのかといえばそうではない。森のなかには人間たちに不思議な気持ちを抱かせてくれる場所があるのは確かだ。私もずいぶん多くの森を歩いている。だがいまの社会のルールでは、彼の話は説得力をもたない。彼に協力しようとしても、私も「客観的根拠」を示すことはできないのである。

では何が問題なのかといえば、ふたつの信じている世界の違いだ。彼は長いあいだ森のなかで働いてきた。森と対話をしてきたといってもよい。その経験が彼の信じることのできる世界を生みだしてきた。その信じることのできるものが集まっている純粋な場所が、その森なのである。ところが現代社会が信じているものはそういうものではない。科学的な考察のうえで「客観的根拠」を示せるものが貴重だという考え方を信じているのである。それが正しいと思っているということは、そう信じているということだ。このふたつの信じているものは、けっして交わることはない。

森のなかを歩いていると、ときどき驚くような大木にであうことがある。シオジの原生林のように、大木がたくさんある場所ならそういう木が残っているのもわかりやすいが、周囲の木はまだ若い木ばかりなのに一本だけ大木が残っていることがあるのである。

上野村には一本で三百坪の土地を占有しているトチノキがある。それは林道から一時間ほど山を登ったところにあるのだけれど、その周囲にはまだ若い木しかない。ただただ驚くしかないような木が一本だけ残っている。

村の人間なら、その木がなぜ残されているのかはすぐにわかる。それは山の神が休憩する木だからである。そんなことはみればすぐにわかるのである。そういう木は、林業をしている人たちはけっして切らない。切れば山の神のバチにあたるという気持ちもあるし、それは犯してはならない木なのである。山の神は森を守っている神様で、かなり古くから信仰されている。文献的には古代からでてくるけれど、縄文時代から信仰されていると推測する人たちもいる。いまでも山村に行けばどこでも祀られている神様である。

この神様は、合理的な思考の持ち主には説明しにくい。森のなかで山の神に出会ったという昔の説話は各地にあるが、少なくともこの百年くらいの間に山の神をみたという話は聞いたことがない。山の神を大事にしている人たちに「本当にいるのですか」と聞けば、彼らも困ってしまうだけである。しかも山の神には教義らしい教義もない。山の神が森を守っているという以上のものはないのである。さらにこの信仰には、信仰組織も存在しない。信仰すると宣言しても、入る組織もないのである。だから入会することも、年会費のようなものも、入会していないのだから脱会することもできない。十二月十二日、もしくは一月十二日が多くの地域での山の神の大祭で、そのときは山の神を祀っているところにいって酒と魚を供えるのが習わしである。いまでも山村では日本中でこの祭りはおこなわれている。山の神は女性神で、それも醜女の女性神だといわれていて、自分より美しいものに嫉妬するとされている。自分より美しい女性が森に入ってくるのも大嫌いで、大祭のときにも、姿形が美しくない魚を供えるのが習わしである。多くの地域では、オコゼという魚を供える。

山の神の大祭のときには、はるか下流の漁村の漁師たちが魚をもって山に上るという習慣をいまでも維持している地域もあるし、東北を中心にして、山の神が春には田の神に姿を変えて田を守りにきて、秋には再び山の神の姿に戻って山に帰っていくという信仰も広く残っている。上野村には水田がないから田の神信仰も存在しないが、田の神を迎える祭りや山の神に戻った神様を送る祭りをつづけている山村は数多く存在している。柳田國男によれば、山の神と水神、田の神は同じ神様が姿を変えたものなのだが、いまでも広く信仰されている神様である。

出会ったこともなければ、教義らしい教義も組織もない。それなのに森とともに生きていると、大事にしなければいけない神様だと感じるようになっていく。そのことだけに支えられて、太古の昔から信仰されてきたのである。

そういう世界で生きてきた人たちには、山の神が休憩する木はすぐにわかる。だからそういう木は切られることもなく、大木としていまでも残っている。

自然と人間の境がなくなっていく森を保護林にしてほしいと頼みにいった村人は、山の神がいる世界のなかで生きてきた。彼にとっては、その世界は信じるに値するだけの実感のある世界だった。知性の働きで論理的に信じていたのではない。彼の身体が信じさせ、彼の「いのち」そのものが信じさせていた。知性とは違う実感が彼にはあったのである。その彼の身体や「いのち」が、その森の貴重さを感じさせていた。彼にとってそれは信じるに値する実感だった。だがそれは、現代社会で生きている人たちが信じている「客観的根拠」にはほど遠いものであった。

彼がみいだしていた「いのち」の根源は、彼が信じている世界と不可分なものだったのである。それに対して私たちは、その考えは誤っているといえるだろうか。合理主義者なら、そういうかもしれない。だがその人もまた、合理主義を信じている人にすぎないのである。

他の村人たちはそんな彼の行動を、半分は温かく、半分は冷たくみていた。その森のなかに入ったことはなくても、彼がそういうのならそうなのだろうという思いや、山の神の暮らす森を共有してきたがゆえの共通する心情もある。その気持ちは彼の行動を温かく見守らせる。しかし彼の主張は通用しないだろうという思いもある。現代社会では通用しない主張。それを繰り返すのは無駄なことだという気持ちが冷たい反応をもたらす。ただしその冷たさは、彼に対してというより、現代社会に対してといった方がいい。

ここで和辻哲郎の書いた『風土』についてふれておくことにしよう。この本は一九三五年、昭和でいえば十年に書かれている。その時代背景のなかで、日本とは何かを文明論的に明らかにしようとした本である。その内容についてふれる前に、明治以降の日本とは何かについて述べておくことにしよう。

江戸時代から明治時代への転換とは何であったのかは、いまでも容易ではない問いである。一般的には政治の転換、経済の転換としてそれは語られている。確かにそれは幕藩体制から天皇制統一国家への転換であったし、明治体制下では富国強兵を目指して近代産業の育成がはかられていく。ところが思想史の視点からみると、明治時代への転換はふたつの相い異なるものをとおしてしかとらえられない。そのひとつは、明治体制を創り出していく思想は江戸時代の中後期から儒学者を軸にしてすでに芽生えはじめていたのだという現実、もうひとつは、しかし圧倒的多数を占めた百姓の世界では、共同体とともに生きる人びとの思想が展開していたという現実である。

一般的には、明治維新に向かう過程は、幕藩体制を維持しようとする武家勢力と新体制をつくりだそうとする武家勢力の戦いとして描かれることが多い。確かに幕府対長州藩の戦いがあり、薩長連合が生まれ、幕末からの歴史のなかでは井伊直弼や水戸天狗党、新撰組、坂本龍馬や高杉晋作、西郷隆盛、勝海舟といった武士たちがさまざまな活躍をみせている。だがそこに明治維新の本質があったのかといえばそうではない。幕府もまた幕末期には富国強兵を目指して動いていたし、日本という統一国家の形成は、実現できなかっただけで、幕府の夢でもあったのである。ヨーロッパ史になぞらえるなら、幕府は絶対王政を目指していたといってもよい。

とするとその動きを何が拒んでいたのだろうか。それは村々の共同体だった。共同体という、自分たちの世界とともに生きる人びとが生産の基本を握っている社会が存在し、そこに依存しなければすべてが回らない社会が展開していたのである。その共同体の人びとは自分たちの死生観をもち、自分たちの文化をもって暮らしている。生と死を統合した自分たちの世界をもっていたのである。この人たちにとってみれば、「日本」は関係ない。共同体というローカル世界こそが世界の中心であり、統一国家などというものは少しも必要としていなかったのである。そこに経済的基盤を依存している以上、この土台を解体して新体制をつくりだすことなどできようはずもなかった。

この社会の変革をひとつの革命として実現させようとしたのが明治維新であったといってもよい。だからそれは江戸期の社会構造に対する挑戦であった。そして実際明治元(一八六八)年から、共同体に生きる人びととの精神を解体するための政策が打ち出されることになった。明治元年（慶応四年）には神仏分離令が出され、それは一方では廃仏毀釈をともないながら、他方では神社の整理が強行され、さらに残った神社では、土着の神から天皇家の神にご神体を変えていく動きが各地で強行された。共同体の神を解体、もしくは脇に追いやり、日本に共通の神の世界をつくりだそうとしたのである。こうして生まれてくるのが国家神道であるが、国家神道とは単なる神様信仰ではない。日本の神を祀る信仰であり、日本の神である以上それは天皇家信仰でもあった。いわば天皇家の祖先神に守られた日本を形成していこうとしたのである。明治五年には、それまでの民衆的世界で大きな力をもっていた修験道が禁止され、さらには学校制度の創設とともに国民教育が開始されていく。それまでの共同体の自治に代わって市町村制がひかれ、国からの任命官による地域管理や統一税制がつくられていく。

明治時代の変革とは、国家が上からの権力を用いてそれまでの共同体社会を解体していく「革命」として展開したといってもよい。この変革によって一番その基盤を揺るがされたのは、普通の庶民たちであった。表面的には国家のあり方をめぐる武士たちの対立が明治維新をつくっていくが、根底にあったものは民衆的世界の再編成だった。国家を軸にものごとを考えていく人びとと、国家の必要性を感じていない生き方をしている人びととの間にある根底的な対立を、明治以降の日本は、上からの改革によって解消しようとしたのである。

ここでもっとも有効な役割をはたしたのは戦争だった。自分たちの生きる共同体もまた国家の下にあるという意識が民衆のなかに芽生えてくるのは日清戦争のときであり、それが大きなうねりとなるのは日露戦争時(一九〇四～〇五＝明治三十七～三十八年)である。村人たちに送られて兵士が出征し、戦死者は村の英雄として祀られる。アジアの国がはじめて欧米の国に勝ったという大宣伝とともに、戦勝記念祝賀大会が全国で催されていった。各地でソメイヨシノが戦勝記念植樹運動として植えられ、このなかで欧米に勝利した優秀な日本人という意識が植え付けられていった。日露戦争がはじまる二年前には、出征する兵士が敵地でお腹をこわさないための予防薬として「忠勇征露丸」が大阪の業者から発売されている。今日の「セイロガン」の前身である。一九一〇(明治四十三)年には帝国在郷軍人会が組織され、軍から銃弾の支給を受けて狩猟の全国的組織化がおこなわれるようになった。それを母体にして昭和に入ると大日本猟友会が生まれていくが、狩猟の目的は寒冷地で戦う兵士のための毛皮の確保であった。

日露戦争は国をあげた民衆運動を展開させながら、国家の命運を我がことと感じる国民を形成させていったのである。

日露戦争から十年ほどがたった一九一四(大正三)年に第一次世界大戦が起こっている。この戦争で日本は「戦勝国」となり、ついに欧米列強の仲間入りをはたしたという大国意識が高まっていく。そしてそれは日本の欧米化をかつてなかったほどに促進することにもなった。一九二五(大正十四)年に男性に対してのみではあったが普通選挙法が制定され、制限選挙は撤廃されている。とともに明治時代の終盤から、普通選挙を求める動きや市民的自由を求める動き、部落解放運動などさまざまな社会運動が起き、後に信夫《しのぶ》清三郎が用いた言葉を使えば大正デモクラシーの時代が展開していった。社会のなかにはモダンガール、モダンボーイといった人びとが現れ、洋風建築なども広がっていった。

だがこの時代は、統一性のない不安定な社会をも生みだしていたのである。一方には急速に生みだされていった国家統合と国民意識、列強意識があった。他方には近代的な社会を求める大正デモクラシーなどの動きもあった。しかし社会の土台には、明治以降に壊されていった共同体があった。ナチスドイツの成立について考察したE・フロムの『自由からの逃走』(一九四一年)的に述べれば、伝統的な共同体が壊されていったにもかかわらず新しい社会的結びつきも成立していない不完全な社会のなかで、浮遊する民衆が大量に生みだされはじめていたのである。しかも大国意識だけは存在する。

この不安定な社会基盤のなかで一九二三(大正十二)年に関東大震災が発生する。このとき民衆が朝鮮人を虐殺するという恥ずべき事件が発生した。三千人近くが虐殺されたと推定されるが、いまの読売新聞が報じたデマをきっかけとして朝鮮人狩りが発生したのである。しかも関東大震災のときには関東一円で暴動、略奪が起こり、社会の脆弱さをみせつけることになった。

このような状況のなかで一九二九(昭和四)年に世界恐慌が起こっている。日本では翌年から農村恐慌も発生し、社会は根底的な動揺にさらされることになる。

和辻哲郎の『風土』をはじめとするさまざまな風土論が書かれていったのは、このような時代のなかでであった。大国意識と脆弱な社会というアンバランスのなかで、日本とは何か、日本人とは何か、人間はいかにして自己の存在を自己諒解するのかというようなことを問おうとしたのである。だからそれは一面では十八世紀終盤近くに台頭してくる本居宣長らの国学の展開と似ている。本居は日本人の精神として「もののあはれ」をみいだしたが、いわばそれは日本人のアイデンティティ論だったといってもよい。同じように昭和初期の日本でも、日本人のアイデンティティを問う動きが広がった。ただし国学は江戸時代の社会が安定するなかでそれを問い、昭和初期には不調和な社会のなかでそれが問われるという違いがあったのだが。

和辻はハイデッガーの存在論を基底においていた。『存在と時間』(一九二七年)のなかでハイデッガーは人間の存在を「世界-内-存在」としてとらえていたが、この「世界-内-存在」を風土と人間の関係として再定義したのである。和辻にとって風土とは自己の存在を人間たちが自己諒解する装置であった。風土との関係のなかに人間の存在をとらえ、そこにひとつのアイデンティティ論を確立しようとしたといってもよい。あるいは「いのち」は風土との関係のなかに存在の場所をもつといってもよい。

とするとここで語られている風土とは何なのか。和辻にとってそれは東アジアモンスーン地帯としての風土であった。彼の『風土』では世界が三つに類型化されている。ヨーロッパ的風土としての「草原地帯」、アラビア的世界としての「砂漠地帯」、そして東アジアモンスーン地帯である。この風土こそが人間たちの存在を包み込み、精神世界をつくりだす装置であった。もちろん世界をこの三つに類型化するのはとうてい無理があるのだが、ここではこの問題には触れず、存在を自己諒解するための装置としての風土というところにかぎって、考察をすすめていくことにしよう。

和辻の風土論は、自然のあり方が人間の存在に大きな影響を与え、自然を土台にして生みだされる風土が人間たちに存在の自己諒解を与えるというものであった。その意味ではハイデッガーの「世界―内―存在」を自然を軸にして読み直したものだといってもよい。だが仮に風土が「いのち」のありかを諒解させるものであるとするなら、その諒解の基底に自然があるとしても、自然がただちに存在を包んでいるのではなく、自然と人間の関係が生みだしたさまざまなものが人間たちに存在の自己諒解を与えているはずである。

前記した上野村の新太郎さんの場合でも、新太郎さんに存在の自己諒解を与えていたものは単なる自然ではなかった。自然との関わりをとおして生みだされてきた村の暮らしが、彼に存在の自己諒解を与えてきたのである。景色としてみれば、人びとが関わってきた森があり、畑や墓があり、集落の阿弥陀堂や長い歴史を見守ってきたサワラの大木がある。この木も集落の人びとが守ってきた木だ。もうひとつこの集落の奥には小さなお堂がある。いまでは神社とされているが、元々は神仏習合のお堂である。お堂のなかには神も祀られているのだが、この神様が変わっている。向きを変えると別の神様になってしまうのである。諏訪神社の神、八幡神社の神、さらに正見《しょうけん》様という三つの神である。新太郎さんの集落は、峠を越えると戦国時代には武田の領地だった。戦はなかったがしばしば武田側の人間がこの地に調べに入っている。さらに少し離れた峠を越えると北条の領地で、北条側の人間がくることもあった。上杉系の人が調べにきたこともある。そういう微妙な場所なので、集落の人たちはどんな勢力が入ってきても被害を受けないようにと、武田が来れば諏訪の神をたて、北条のときは八幡様を、それ以外の勢力が入ってきたときには正見様をたててやり過ごそうとしてきた。正見様はこの世界の大元の神仏ということらしいのだが諸説あってよくわからない。

このお堂の神の祀られ方は、新太郎さんの暮らす小さな山奥の集落の人びとの、自分たちを守るための文化をよく表している。そしてそれもまたこの集落のひとつの風土なのである。あるいはそこに自然とともに生きたこの集落の人びとが生みだした風土があったといってもよい。自然のあり方がそこに暮らす人たちの存在に自己諒解を与えるのではなく、自然と人間の関わりやそれを基底において生みだされた歴史がそこに暮らす人びとに存在の自己諒解を与えている。

和辻も自然が風土だといっているわけではない。自然のあり方が人間たちに基層的な影響を与え、そこから風土がつくられていくことを彼は知っていた。だが、にもかかわらず、たとえ基底には自然との関わりがあったにせよ、民衆が生みだしてきた風土の検証が十分ではなかったことも確かだ。だから一面では自然決定論のような性格も帯びてしまったのである。

それが明確にでてしまったのが、東アジアモンスーン地帯という「風土」の広さだった。『風土』では、ここに共通する風土があるかのごとく論じられている。東アジアモンスーン地帯に、共通する文化圏、共通する思想圏があるという発想である。そしてそれが大東亜共栄圏と重なったとき、この風土を守るために和辻は昭和の戦争を支持する立場をとった。彼の師であったハイデッガーはナチスの党員となったが、和辻もまた誤りを犯していた。

ところで同じ時代に、三澤勝衛《かつえ》という全く異なる風土論を書いた人がいたことにもふれておくことにしよう。農山漁村文化協会から『三澤勝衛著作集』が刊行されているが、彼は風土を、第一に、大気と大地がふれあうところと定義している。そしてこのふれあうところには人びとの営みが存在している。彼は旧制諏訪中学（現在の諏訪清陵高校）の地理学の教師をしていたが、場所場所における自然の相違を重視していた。自然は大雑把にみれば広い範囲で共通しているようにみえるが、深く考察すればその場所によってかなり異なるのである。そして自然が違えばそこでの人の営みも異なってくる。

このような視点を三澤がもっているのは、彼の目的が地域産業の育成とその指導者の養成におかれていたことにあった。地域産業といっても何か産業を興せばいいということではない。それは持続する産業でなければいけなかった。つまりその場所に根を張ることのできる産業を興すことが三澤の目標だったのである。となれば、東アジアモンスーン地帯などというのは意味がない。日本だけをみても、高知県の海岸沿いの地域で興す産業と長野県の山奥での産業が同じであるはずがないのである。彼の視点は、どういう産業を興せば、その土地で持続的なものになるかだった。

そしてだからこそ自然を知らなければいけないと三澤は考えていた。その土地の自然に合わない産業は、所詮持続性をもたないのである。とすると自然の違いをふまえた地域とはどのようなものなのか。

三澤にとってそれは、最大限に拡大しても諏訪地域以上の広さではなかった。そのくらいの広さなら、何とか自然の共通性をみいだすことができる。だがもっと深く自然を考察すれば諏訪地域でも広すぎるのである。諏訪地域のなかでも自然は微妙に違う。ここから三澤は江戸時代の旧村くらいの広さの地域をみいだす。だがもっと深く検証すれば集落ごとに異なる自然がみえてくる。さらにもっと深くみていけば、畑一枚一枚によって異なる自然があったり、さらには同じ畑であっても場所によって微妙な違いがあったりするのである。

以前に私は上野村の畑で里芋をつくったことがある。その年はまずまずの収穫があった。ところが翌年つくってみるとさっぱりとれない。どうしてこういうことになるのかと村の農業のベテランに教えを請うた。その人は私の畑をみると、昨年はどこに植えたのかと聞いた。一年前は奥の方に植えていた。その年は連作を避けるために手前に植えていた。ベテランの農民はその年の植えた場所が間違っていると教えてくれた。同じ一枚の畑でも、奥と手前では土の質が違うし、土の水分も違うというのである。手前の土は川に近いために砂が多く、奥の土は粘土層的になっている。手前の土は乾燥していて、奥の土は山からの水が微妙にしみ出していて湿っている。里芋は湿った粘土質の土を好むから、手前に植えたのではうまく収穫できないというのである。といっても私の畑はたいした広さではなく、奥と手前といっても二〇メートルくらい離れているだけである。ところがその違いが農業にとっては重要になる。

三澤が重視したのはこういう自然の違いでもあった。和辻が東アジアモンスーン地帯に共通する風土があるととらえていたのに対して、三澤は風土をひとつのものとしてはとらえていなかった。最大限でみれば諏訪地域というひとつの風土がある。しかしもっと深く自然を知れば江戸期の旧村くらいでひとつの風土が現れ、さらに集落ごとに異なる風土や、畑一枚ごとに異なる風土、その畑のなかでも場所によって異なる風土が成立しうる。このような風土論を、私は多層的風土論と呼んでいる。風土はひとつではなく、自然認識の浅い、深いによって多層的に成立しているのである。

それは自然の違いが生みだしたものでもあり、その土地で生きようとする人びとの営みがみいだした自然でもある。つまり自然は客観的なものではなく、人間たちの営みによってみいだされたものなのである。そして人間の営みによってみいだされたものだからこそ、自然は風土として存在する。

三澤の風土論は自然を重視しているにもかかわらず自然決定論にはなっていない。なぜなら彼の自然は人間たちの営みによってみいだされた自然だからである。自然と人間の関係からみいだされた自然とでもいえばよいのだろうか。だから彼にとっては風土＝自然であってもかまわない。自然のとらえ方が違うのである。

和辻は人間を包み込んでいるものとして風土をみていた。ところが三澤は持続的な人間の営みを可能にする場所として風土をみている。だから三澤にとっての風土は広いエリアであってはならなかったし、持続的な営みの可能性を掘り下げていくと、より狭いエリアが多層的にとらえられることになった。そしてこのことは「いのち」が存在する場とは何かという問いに対してひとつのヒントをあたえる。

もう一度上野村の新太郎さんの話に戻すことにしよう。新太郎さんは山の中腹にある二軒だけの小さな集落で暮らしていた。そして自分の一生のすべてがこの景色のなかにあると話してくれた。新太郎さんにとってはこの景色が、自分の「いのち」を存在させる場だったのである。しかしだからといってこの集落に閉じこもっていたわけではない。集落は江戸時代の楢原《ならはら》村のなかにある。この旧楢原村が新太郎さんにとっての第二の存在の場だった。旧楢原村のなかには彼がしばしばよっていく家もたくさんあったし、ヤマメの養殖をはじめた場所も旧楢原村の源流の谷だった。私はバイクに乗って移動中の新太郎さんによく出会ったものだった。さらに第三の存在の場として上野村があり、そのさらに外側には西上州の山や谷、人びとの暮らす集落が広がっていた。もちろん彼は用事があれば都市にも足を伸ばしていた。結構広いエリアを使って生きていたのである。

しかしそれでもなお自分の一生を描き出しているものは集落の景色だった。新太郎さんがみていた深い風土は集落にあり、同時に旧楢原村や上野村、西上州が彼の「いのち」を存在させる風土だった。核心は集落の景色のなかにあり、しかしその外側にも自己を存在させる風土は広がっている。その意味で新太郎さんにとっても風土は多層的だった。

とともにその風土は客観的なものではなかった。自分が関わっている世界、自分が関係している世界である。だから深い風土も浅い風土も成立する。その違いは関わり方が浅いのか、深いのか、なのである。

私たちは「東北の風土」とか「沖縄の風土」というような使い方をすることがあるけれど、この「風土」と新太郎さんにとっての風土は意味が違う。「東北の風土」などというときは風土自体が客観化されている。それは風土の東北的類型というようなものにすぎない。ところが新太郎さんにとっての風土は自分との関わりのなかに成立している。自己との関係がつくりだしている風土である。だから関係の深さによって風土も多層的に成立すると考えればよい。そしてこの関係のなかに、新太郎さんの「いのち」の存在があった。

だがそうであるとするなら、存在する「いのち」はひとつではないということになる。簡単に述べれば、深い関係のなかに存在している「いのち」も、浅い関係のなかに存在している「いのち」もあるということになって、「いのち」もまた多層的な存在だということにはならないだろうか。

「いのち」を個体性のなかでとらえようとする考え方からは、このような発想はでてこない。なぜなら「いのち」は私のものであり、それはたったひとつのものであるに決まっているからだ。しかし「いのち」が関係のなかに存在しているという視点に立てば、関係のありようとともに多様な「いのち」が存在すると考えても問題はないはずである。たとえば家族との関係のなかに私の「いのち」が存在している。友人との関係のなかにも、そのような関係がなければ成立しないような「いのち」が存在している。職場では職場的関係のなかでの「いのち」が存在し、自然との関係のなかでもそれが生みだす「いのち」が存在している。こんなふうにとらえることが可能なのである。

新太郎さんの「いのち」もこのように存在していたのであろう。ただし共同体とともに暮らした新太郎さんにとっては、一番濃密な関係は集落のなかにあった。だから集落のなかにもっとも核心的な「いのち」が存在し、集落の景色が自分の「いのち」のありかをもっともよく表現していた。

とするとなぜ新太郎さんにとっては集落だったのだろうか。そのひとつの理由は集落の世界と深く関わりながら彼が生きてきたことにあるのだろう。周囲の森も、家の近くの畑も、そこにある阿弥陀堂や墓や「神社」もすべて新太郎さんが関わって維持されてきたものである。彼の営みの多くはこの景色との関係のなかにあった。だがそれが理由のすべてであったわけではない。さらにもうひとつの理由があった。それはこの景色のなかに自分の受け継いできた世界がみえていたということである。

彼のところに遊びにいくと、新太郎さんはよく昔の話をしてくれた。いまでは山の中腹のどん詰まりの集落になっているが、人びとが歩いて移動していた時代には、ここは峠を越えて信州と結ぶ間道沿いの集落だった。だから彼が子どもの頃にはいろいろな人が歩いて家の横を通り過ぎていった。旅人だけではなく行商の人も多く、さまざまなものを売りにきた。行商の人たちは家に寄って茶飲み話をしながら運んできた商品を売っていく。子ども用のお土産などをくれることもあるから、子どもにとっては行商人は大歓迎だった。集落の阿弥陀堂はなかに入ると板敷きで、十畳くらいの広さの部屋の真ん中に囲炉裏が切ってある。火が焚けるようになっているのである。阿弥陀堂は誰が泊まってもよいとされていて、日が暮れて集落に着いた人などがここで火を焚き、泊まっていった。薪などは用意されているから自由に使ってよく、食事は自分でつくることにはなっていたが、実際には集落の人たちが家に呼んで振る舞うのが普通だった。旅人のために風呂をたて、翌日には弁当におにぎりを渡してあげるのが当たり前だった。自分たちは雑穀を食べていても、旅人のためには白米を炊く。そういう結び合いを大事にしてきたのは新太郎さんの集落の人たちだけでなく、上野村では一般的なことだった。そういう関係のなかにも山奥で暮らす人たちの「いのち」のありかが存在していたのである。

それはこの村の人びとがつくりだした「習慣」であり、この地に暮らす人たちが受け継いできたものでもあった。「昔からそうしてきた」ということがひとつの価値として継承されてきたのである。もちろん「昔から」がいつからなのかはよくわからない。しかし共同体のなかで暮らしていると永遠の昔からそうしてきたように感じる。共同体で暮らす人間として大事なことと普通に感じられるがゆえに、この共同体とともに永遠の昔から村人たちはそうしてきたと感じるのである。

新太郎さんがこの集落の景色にみいだしていたものも同じだった。森を育て、畑を耕し、阿弥陀堂や「神社」、墓とともに生きる。それらはこの集落で暮らす人たちが、永遠の昔からおこなってきたことのように感じられる。

私たちは「関係」という言葉を使うと、自然との関係とか人びととの関係を想起する。ところが新太郎さんの世界にはもうひとつの関係が存在している。それは過去との関係といってもよいし、歴史との関係、祖先との関係と表現してもかまわない。彼は過去の世界を受け継いだのである。

ところで祖先とか先祖という言葉を使うと、現在の人間はせいぜい二、三代前までの近親者をイメージする。亡くなった祖父とか曽祖母くらいである。しかし半世紀前くらいまではもっと古い人をイメージしていた。この土地での暮らしの出発点をつくった人というイメージである。いまでも上野村の兵士郎さんは、うちの祖先は修験者だったらしい、と言う。修験者としてこの村にきて住み着いた、それが兵士郎さんの家の出発点なのである。だから半世紀くらい前までは、先祖は源氏だとか平氏だとかいうようなことがよく語られていた。ところが柳田國男の『先祖の話』(一九四六年)によれば、こういうかたちで先祖を語るようになったのは文字によって先祖が説明されるようになってからで、案外新しいのだという。家系図の登場がそれをつくりだした。それ以前は自分たちが祀るべき霊が先祖で、いわば先祖は集合霊であった。柳田は我が家が祀るべき霊という意味で述べているのだが、上野村で暮らしていると必ずしも「我が家」と限定されない先祖が存在していることに気がつく。

八月の旧盆のときには迎え火と送り火の儀式がおこなわれる。実は迎え火の方はあまりおこなわれていなくて、神棚や仏壇に先祖のための食べ物を用意したりはするが、特に玄関で火を焚いたりもしない。草葉の陰からご先祖様が見守っているという言葉があるように、お盆にかぎらず上野村のご先祖様は自由にこの世とあの世を往復しているのだから、「この日だけは戻ってくるように」ということでもないのである。ところが送り火の日には火を焚いて送り出す。先祖の霊が暮らすべき場所へと送り出すのである。このときは各家で送り火を焚くのではなく、村中の人たちが一ヶ所に集まり、皆で「村のご先祖様」として送る。陽が落ちると京都の大文字焼きに似た行事がおこなわれる。

村では家の先祖もいるが、その先祖も含めて村のご先祖様なのである。この村をつくってきてくれた人が等しくご先祖様として送られる。具体的な名前の人ではなく祀るべき霊が先祖だということは柳田國男の述べているとおりであるけれど、その祀るべき霊が家の単位を超えて「村のご先祖様」なのである。

この感覚は村で暮らしているとよくわかる。私は上野村一代目の人間だから「我が家のご先祖様」は村には存在しない。ところがいまの私の暮らしを村をつくってきた人びとが支えてくれているという感覚はつねにあって、そのおかげで暮らしていられるという感覚も、私もまた村をつくってきた人びとの営みを受け継いでいるという感覚もつねにもっている。そういう意味で村のご先祖様に感謝している。

私が使っている畑も、ご先祖様が畑にしておいてくれたから優良な畑として存在している。裏山もご先祖様が使いつづけてくれたおかげで里山のかたちを維持している。道も宅地もすべてご先祖様がつくってくれたものが基盤になっている。上野村には千体もの石仏があって、それが村の文化を伝えてくれるけれど、それもご先祖様がつくってくれたものだ。村で暮らしているとそういう感覚が芽生えてくる。だから私もまた村のご先祖様を感じ、それは祀らなければいけないものなのである。

新太郎さんが受け継いだのもこの世界である。先祖がつくり残してくれた集落の世界、それを彼は受け継いだ。受け継いだからこそ自分の「いのち」の存在する場所が成立した。自然や他の人びととの関係を横軸の関係と呼ぶなら、彼にはもうひとつ過去や先祖との関係としての縦軸の関係が存在しているのである。この縦軸との関係のなかでも彼の「いのち」は存在している。

ただし横軸の関係、縦軸の関係は相互的であって別々のものではない。先祖がつくり残してくれた世界との関係を受け継ぎながら、それを受け継いだがゆえに現在の横軸の関係も存在するからである。いわば縦軸の関係があるから横軸の関係が成立し、横軸の関係のなかで生きるからこそ、この関係的世界を残してくれた過去との縦軸の関係がとらえられるのである。

とすると新太郎さんの「いのち」はどこに存在していたのだろうか。縦軸の関係がつくりだす場と横軸の関係がつくりだす場。それはふたつの場ではなく、どちらもが縦軸と横軸の交差するところにあった。さらに述べれば、縦軸の関係がなければ横軸の関係も生まれないというようなかたちで成立している場とともに、彼は自己の「いのち」を存在させていたのである。

ところでここで次のことについて述べておこうと思う。現代人たる私たちは過去、現在、未来を、過去は過ぎ去ったもの、未来はこれからくるものとして理解している。時間は時の矢として一直線に動いていて、この動きとともに過去、現在、未来がつくられている、と。それを個人の一生にたとえるなら、誕生から現在の手前まで、現在、現在の先から死を迎えるまで、ということになるのだろう。「死後の生」に確信をもっている人を除けば、死はすべての時間の終焉であり、その先はなくなる。

柳田國男は前記した『先祖の話』のなかで、「生と死とが絶対の隔絶であることに変わりはなくても」(角川ソフィア文庫、一八一頁)、どの程度隔絶しているのかは今と昔とではずいぶん違うと述べている。現代人にとっては生と死は取り返しがつかないほどに隔絶している。ところが伝統社会に生きた人びとにとっては、生と死はもっと親しい関係にあったのだ、と。

伝統社会では、死者の霊はそう遠くはない山に還ると考えられていた。自然の世界に還るのだといってもよい。そう遠くないところに居場所があるからこそ、盆や正月をはじめとして子孫の世界に還ってくる。しかも盆や正月といった行事のときだけではなく、子孫が招こうと思えば、いつでも還ってくる。あるいは子孫の様子に気がかりなことがあれば様子をみにくる。

それくらい親しい関係のなかに生と死があった。死者という「過去」は過ぎ去った「過去」ではなく、現在と結んでいる「過去」なのである。

同じことが自分の未来に対してもいえる。かつての人びとにとって切実な未来とは死後的未来のことなのだけれど、それも自分が生きている間に暮らした世界と行き来できるものとしてあった。子孫に招かれたり、心配になればみにきたりすることができる、それくらい親しいところに死後的未来もあったのである。といってもその死後的未来において、人は仏教的にいえば成仏していかなければならない。つまり、人として生きた時代につけた穢《けが》れ、垢を取り除いて自然的人間へと生まれ変わっていかなければならないのである。この自然的人間になることが、仏教的には悟りを開いて成仏することとして、土着信仰的には「おのずから」のままに生きる自然と一体化することだととらえられた。だから、自分がそこに向かって歩めるかどうかは切実な問題だったのである。

とするとこの切実な課題を解決するにはどうすればよいのだろうか。それは現在の自分にかかっている。現在の自分の行いが未来を決していくのである。つまり未来は先のことでありながら、現在がつくりだしていくものであった。

すなわちこういうことである。過去は現在の土台として現在のなかにある。未来もまた現在がつくりだす未来である。どちらもが現在形のなかにあるといってもよい。つまり人間には現在という刹那しか存在しないのである。だから現在が永遠のもののように感じられる。たとえば子どもは将来自分が大人になって仕事をしたり、家族をもったりするだろうことは理性的には知っていても、その瞬間の自分としては、あたかもその時間が永遠につづくかのごとくその刹那のなかに身をおいている。遊びに打ち込んでいるときは、過去も未来もないかのごとく、遊びのなかにすべての時間が存在しているのである。

ひとつのとらえ方としては、私たちは過去、現在、未来という道程のなかにいる。ところがもうひとつのとらえ方としては、私たちには現在という刹那があるだけで、その刹那のなかに過去が感じられ、未来が感じられている。過去も未来も、現在という刹那のなかにある。この視点に立つなら、過去もまた変化しないものではなく、現在との関係のなかで変容するし、未来もまた現在との関係によって異なったものになっていく。過去は現在が発見した過去である以上、現在のあり方が発見された過去を変容させるのである。

この立場をとれば、「いのち」はつねに現在という刹那のなかにしかないということになる。

ところが現代人たちは、「生きる」ということを考えたときには未来を考える。そしてその未来は不安に満ちている。孤独な未来かもしれないし、病気になった未来や生活が破綻した未来かもしれない。要するにどうなっているのかわからない未来である。しかもそのことを真剣になって考えてしまえば、自分でどれほど完璧に自己の未来を準備しても、インフレや社会の破綻、戦争といった出来事が、完璧な準備を破綻させていく可能性もないとはいえない。過去、現在、未来へと向かう時の矢のなかでは、真剣になればなるほど未来は不安に満ちている。

なぜこのようなことが起こってしまうのだろうか。その理由のひとつは、「いのち」の存在と「生きる」ことの意味が分裂してしまっているところにある。「いのち」は現在のなかに存在の場所をもっているのに、「生きる」意味は不確定な未来に向けられているのである。

ところがこれまでふれてきた新太郎さんの世界はそうではなかった。死後的世界において自分が成仏できるかどうかは切実な問題であったが、「生きる」世界は不安ではなかった。なぜなら縦軸の関係と横軸の関係が交差するところに自分の「いのち」は存在していて、それが「生きる」意味でもあったからである。いわば過去も未来も現在の刹那のなかにあるという生き方を新太郎さんはしてきたのであり、そうであるなら「生きる」ことにはいささかの不安もない。現在の「いのち」の存在のなかに「生きる」意味もある。未来は現在のなかに存在している未来である。しかも死後的未来に対しても信頼がある。なぜなら先祖たち、つまり村をつくってきた人びとのいまある世界が死後的未来だからである。集落の墓に眠っている人たちの居場所が死後的未来であり、それは生の世界と親しいところにある。いまの自分が死者たちとのつながりを感じている世界に、死後的未来も存在しているのである。縦軸や横軸の関係を裏切らないように暮らしていけば、死後的未来は往くべきところに往くことにすぎない。

　それが共同体とともに生きた人びとの死生観である。それは現在という刹那だけがあれば十分な世界だったといってもよい。

　この刹那を支えていたのは共同体の永遠性に対する信頼である。死生観の世界を含めて、共同体の永遠性に対する信頼があったからこそ、その内部にいる人びとは、現在という刹那が永遠に保証された刹那であることを信じることができた。

　もちろん共同体もまたその持続が不安になる時期もある。実際今日へとつながる共同体のかたちがつくられたのは、ほとんどの地域において江戸中期といってもよく、それ以前の共同体とは継続性より断絶性の方が大きい。しかも江戸中期以降に開墾によって新たに生まれた村も多く、さらに冷害や災害などによって共同体の崩壊が起こったこともある。実際には共同体は永遠ではなかったのである。

にもかかわらず永遠だと感じられたのは、共同体が「いのち」の存在に関するすべてのことを内包していたからに他ならない。自然と人間の関係のなかに「いのち」が存在している。人と人の関係が「いのち」を存在させている。過去や未来との関係が「いのち」のありかを教えている。そしてそれらの関係の世界が共同体の文化や信仰、慣習、ものの考え方などをもつくりだし、いわば社会、経済、文化、信仰が、個人としても家族としても、さらには社会としても一体化していたのである。だからその内部にいる人びとは、ここに永遠の営みがあると感じ、その永遠性が太古の昔から永遠の未来にまでつづいていくように感じられた。

永遠性とは、共同体に対する永遠の信頼があるとき感じられるものである。

それはさまざまな宗教が提起する「神の国」でも同じである。ここでも「神の国」の永遠性が信じられている。それゆえに「神の国」に向かう自己の永遠性も信じられているのである。ただし「神の国」が死後的世界であるのに対して、日本の社会観では現実の共同体に永遠性が感じられていた。なぜそういうことが可能なのかといえば、日本の伝統的な社会観では、社会とは自然と生者と死者によってつくられたものだったからである。死者もまたこの社会のなかで暮らしている。それほどまでに生者と死者の関係は親しいのである。さらに、いうまでもなく、自然もこの社会のメンバーだ。だからこの社会のなかに永遠性がある。社会を生者だけの社会としてとらえたヨーロッパでは、「神の国」が永遠の世界としてとらえられ、日本の伝統社会では現にいまある社会のなかに永遠性があるととらえられていた。

ところが現代世界においては、ほとんどの人はこのような共同体をもっていない。市民社会のなかで生きる個人になったといってもよい。そのとき永遠の世界は、人が生きる社会のなかから消えていった。「生きる」ことは不確定で不安定な未来に向けた営みになった。終焉へと向かう個人が、不安な未来を遠望するようになったのである。そしてこのことは私たちに次のような教訓を与える。個人には永遠性がないこと、永遠性は結び合う世界の方にあることである。この結び合う世界のあり方が、ひとつの風土として形成されている。

風土の基盤にあるものは、和辻哲郎や三澤勝衛が述べているように自然である。なぜなら自然の違いが自然と人間の関係を変え、自然と人間の関係がその社会の基盤をつくりだしているからである。それは三澤がとらえていたように、自然と人間の関係を深くとらえていくにしたがって狭いエリアに収斂されていく。和辻が述べたような広い世界ではない。とともに風土は自然と人間の関係だけで完成するものではなく、自然と人間の関係が生みだす長い時間の蓄積によって形成されていくものなのである。その地域特有の経済や労働、土木や建築などの技術のかたちが生まれ、そこに暮らす人びとが諒解できるような文化や信仰、死生観が生まれていく。すなわちすべてが一体性のなかに包まれている、そんな世界がつくられたとき人間たちはそこに風土をみいだす。そしてその風土のなかにそこで暮らす人びとは永遠性をつかみとる。

ところが個人を基調にした社会では、社会も経済や文化なども個人が未来に向けて生きていく道具にならざるをえない。個人にとっては死は終焉である以上、すべてのことが終焉へと向かう過程で自分を支える道具にならざるをえないのである。そこに共同体を失ったがゆえに成立した死生観があるといってもよい。前記した私の言葉を使えば、「いのち」の存在と「生きる」意味とが分離した時代がここに発生した。

さてもう一度新太郎さんの世界に戻ることにしよう。新太郎さんにとっては、伝統的な死生観の下で暮らした人びとがそうであったように、生と死は親しい関係にあった。村の先輩たる死者たちは現在を支え、未来の死も現在とともにあった。だが、といっても、十分な死を迎えられるかどうかはわからない。生と死は断絶ではないとしてもひとつの大きな飛躍である以上は、うまく飛躍できるかどうかはわからないのである。とするとそれは不安にはならないのだろうか。

新太郎さんにかぎらず上野村の高齢者たちは、死期が近づいたと感じると実にさわやかな顔をしている。やるべきことはすべてやったという満足感があり、後は先輩たちと同じように死後の世界に往くだけなのである。それが自然《じねん》＝「おのずから」の人間のあり方のように感じられる。なぜそんなことが可能なのか。その理由は共同体の存在だけで説明できるのか。ここでは次のことにもふれておこうと思う。

伝統社会においては生と死は親しい関係にあったと、私は柳田國男を引きながら述べてきた。なぜ親しい関係にあったのか。その親しさは、柳田も述べているように、祖先＝祖霊を祀るという行為をとおしてである。祀るからこそ祖先はこの世界に戻ってくる。ときに子孫たちを見守っている。すなわち祀るという行為が生者の世界と死者の世界をつないでいるのである。

このことは伝統社会から離脱した現代人たちにも残っている。たとえば家族のような親しい人が亡くなったとき、多くの人びとはその死者を祀る場所をつくろうとする。東京などの場合それは小さな仏壇であったり、写真や位牌が置ける狭いスペースであったりするのだけれど、そういう場所ができると、人びとは朝お茶を置いたり、よいものが手に入るとまずは死者にあげたりするようになる。でかけるときに一声かけてからでかけたりもするが、それもまた死者を祀る行為であり、祀るという行為をつづけているかぎり自分と死者はいまも関係を保っているように感じられたりする。死者は消えてしまった人ではなく、関係のなかに存在しているのである。そういう習慣がいまもつづいているということのなかに、伝統社会から受け継いできたものがいまも精神の古層に残っていることが示されている。

ここで注目しておかなければならないことは、つながりを成立させているものが祀るという行為だという点である。そしてこの祀るという行為は、共同体が定着させたものでもあり、人びとの思い、願い、祈りが生みだしたものでもある。いわば願いをとおして人びとは生者の世界と死者の世界を親しいものにしてきたといってもよい。

それは自分の生と死の関係においても同じであった。生と死が親しい関係になるためには、自分の場合においても、思い、願い、祈りが必要だったのである。そしてその願いは、多くの場合、阿弥陀信仰となって展開した。

上野村には曹洞宗と天台宗の寺があるだけで、それ以外のものはない。阿弥陀信仰といえば浄土宗、浄土真宗、時宗というような浄土系の宗派に特有なものだと思われがちだが、実際にはそうでもない。もうひとつ人びとの世界に土着化した阿弥陀信仰があるからである。上野村にも寺とは別に村人がつくった阿弥陀講、念仏講があり、秋には大きな数珠をみんなで回しながら念仏が唱えられる。

それは伝統的な村の普通の姿だといってもよい。群馬県の北部のある村には、亡くなりかけた人をあの世に送る儀式をいまもおこなっている念仏講がある。人が亡くなりそうになると、黒い着物を着た念仏講の人たちがその人が寝ている布団のまわりを取り囲み、あの世に送る和讃を唱える。和讃の前半は阿弥陀信仰の由来を説明する部分で、〈このありがたい教えは遠く唐天竺《からてんじく》から伝わったもので、日本では源信が阿弥陀のありがたさを説き、その後に法然、親鸞が現れて人びとの間に定着した〉というようなことが歌をうたうように合唱されていく。後半では〈いま近くの山の頂に阿弥陀様が迎えにきている〉となっていく。阿弥陀様が迎えにきているから安心してあの世に生きなさいとなるのかと思うとそうではない。〈ところが山の頂に霧が立っていて、あなたには阿弥陀様がみえない。そうなってしまう理由は霧が邪険だからではない。あなたの心が邪険だからだ〉で和讃は終わる。これで本当に成仏できるのだろうかと不安になってしまうのだが、伝統的な発想に従えば、これでいい。人間として生きた間に、人は誰でも我欲をもち、霊＝魂を穢してしまう。そのことに気づいてあの世に往くことが、霊＝魂の救済の近道なのである。だから死を迎えた人に、共同体の人びとが集まってそのことを教えてあげる。この村にも浄土系の寺はなく、念仏講の人たちは全員曹洞宗の檀家だった。

インドで成立した仏教では、浄土にもさまざまなものがある。それぞれの仏が自分の浄土をもっているのである。阿弥陀がもっているのが阿弥陀浄土、観音がもっているのが観音浄土という具合に、さまざまな浄土の世界を描いたのがインド仏教だった。ところが日本に伝わってくると、いつの間にか浄土が阿弥陀浄土に一本化されていった。極楽浄土というただひとつの世界になっていったのである。おそらくその理由は、日本の土着信仰では死後の世界が近くの山のなか、自然のなかにあるととらえられ、自然のなかに浄土を感じたからではないかと私は思っている。自然＝浄土であるのなら、いくつもの浄土は必要ない。自然は神の世界であり、仏の世界でもあった。上野村では山のなかに千体を超える石仏が祀られているが、それも人びとが自然のなかに神＝仏の世界をみていたからであろう。山のなかに石仏を置き、山を一種の立体曼荼羅《まんだら》として描いたのである。

こうして浄土が阿弥陀浄土に一本化されてくると、人びとの間には死を迎えたときの救いを阿弥陀に求める信仰が広がっていった。阿弥陀への願い、阿弥陀への思い、阿弥陀への祈り。それが生から死への飛躍を埋めるものであった。ときにはそれが観音信仰や地蔵信仰であったりもしたのだが、願い、祈りによって生の世界と死の世界を親しいものにしていったことに変わりはない。とともにその信仰が自分だけの信仰ではなく、共同体の信仰として、共同体の構造のなかに組み込まれていたがゆえにそれは諒解可能なものであった。

浄土真宗の開祖とされた親鸞は八十六歳のときに、一般に「自然法爾《じねんほうに》の事」あるいは「自然法爾の章」といわれる短い文を残している。『末燈鈔《まっとうしょう》』のなかのひとつなのだが、人びとを救済するのは自然《じねん》の働きであって、ゆえに自然《じねん》の働きにゆだねるのが正しい道だと述べている。自然《じねん》とは「おのずから」「しからしむ」であり「法爾」は阿弥陀の願いである。つまりすべての人がおのずから救われていくことを阿弥陀は願ったのだということである。自分の意志で動くのではなく、自然《じねん》のままにあることが救済だとされる。とともに阿弥陀などの如来たちが伝えようとしている真実はこの自然《じねん》のなかにあり、ゆえに如来の本体も自然《じねん》である。自然《じねん》なのだから姿形もない。おのずからなるものがその本体である。ところがそれでは人間たちにはわからないので、自然《じねん》とは何かを人びとに教えるために阿弥陀如来の姿をとって現れてきた。そういう文である。

もうひとつ親鸞のつくった「浄土高僧和讃」には次のような部分がある。「信は願より生ずれば　念仏成仏自然《じねん》なり　自然《じねん》はすなわち報土なり　証大涅槃うたがはず」(『親鸞全集』第四巻、春秋社、五一六頁。カタカナはひらがなに改めた)。

阿弥陀を信じるということは阿弥陀の願い(阿弥陀は如来になるとき、すべての人の救済を軸にした四十八の願いを立てたとされる)から生まれているのであり、だとするなら念仏を唱えれば成仏するというのは自然《じねん》のことなのである。この自然《じねん》こそが報土＝浄土である。ゆえに私たちが浄土へと成仏することは、疑いのないことである、という内容であり、報土は生前の因縁によって死後に往く世界であるが、すべての人の救済を約束しているのが浄土系の発想なのだから、ここでは報土＝浄土としておいても問題ないだろう。

さてこのような引用をしたのは、人びとが死後の救済＝無事な成仏を願う気持ちが、すでに阿弥陀によって立てられた願いであり、阿弥陀が如来になることによってその願いは実現されているのだから、人びとが往生をとげるのは自然《じねん》のことなのだと語るとともに、その如来の本体も自然《じねん》であり、浄土もまた自然《じねん》だと述べていることに注目したかったからである。もちろん親鸞教学では往生は死後往生だけを意味しない。私の願いと阿弥陀の願いが一体のものであることを悟ったとき、具体的には一心に念仏を唱えたときに人はすでに往生している、仏の世界にあるのであり、この往相《おうそう》往生（あの世に往くこと）をとげることは、即、現実の世界で往生をとげる＝還相《げんそう》往生ととらえられているが、普通の人びとにとっての切実な問題が、死後に無事に往生できるのかというところにあったことに変わりはない。生と死が断絶ではなく、飛躍としてとらえられていたとしても、その飛躍には生の世界からははっきりとはとらえられないものが含まれる以上、そのことに不安や願いが発生するのは当然のことであった。日本の仏教が仏教原理からみれば逸脱である死者供養をおこなってきたのは、そういう庶民の願いに応えてきたからだといってもよい。大乗仏教はすべての人たちを救済することを目的にしている以上、その土地土地の人びとの願いを受け入れるかたちで展開していったのである。全員の救済という普遍的願いを実現しようとするならば、その土地で生きている人たちの願いを切り捨てることはできなかった。ゆえに仏教は土着の願いを習合しながら、土着的仏教として展開していくという性格をもっている。ここでは普遍、即、ローカルなのである。

ここで書かれていることは、阿弥陀の願いが自然《じねん》としてとらえられていること、さらに浄土も自然《じねん》として語られていることである。つまり自然《じねん》にこそ真理があり、自然《じねん》にこそ解放された永遠の世界があるとされていることである。純粋な「おのずから」のありようのなかに解放された世界があり、その「おのずから」の世界に導いていくのも「おのずから」であり、そういう道程のなかに「おのずから」があるということである。「おのずから」に導かれて「おのずから」の世界に往く、そのプロセスも「おのずから」である。だから絶対他力なのである。阿弥陀にすがるだけなら、そのすがるという行為は自力になってしまう。すべてが「おのずから」として阿弥陀によってできあがっている世界、あるいはこのできあがっている世界を阿弥陀の世界としてとらえる、つまり救済はすでに「おのずから」として約束されている、そのことを伝えるために「おのずから」は阿弥陀の姿となって現れ、さらに「おのずから」の世界は浄土として人間たちの前に現れるということである。それに気づくことも「おのずから」であり、気づくということは、私の願いと阿弥陀の願い＝「おのずから」として展開しているこの世界と一体化することである。絶対他力とは他力を信じることではなく、すでに絶対他力の世界が存在していることを信じることなのである。その信は行であり、それはどちらも一心に念仏を唱えることだということになる。ただし念仏を唱えることを自分に課せば、それもまた自力である。課すのではなく、念仏を唱えたいという衝動にかられて一心に念仏を唱える。そのとき阿弥陀の世界＝「おのずから」の世界と一体になっているのであるから、この思想においては、信・行一致であるとともに、それは信・行を超えたものなのだと私は思っている。だから浄土系の思想からは一遍のように、信や行、さらに念仏さえも捨ててよいという発想もでてくる。すべてを捨てたとき、「おのずから」のなかに存在しているという思想である。

もう一度新太郎さんの世界に戻ってみよう。新太郎さんにとっても生から死へと向かう過程はひとつの飛躍だった。だがその飛躍は穏やかなものだった。なぜなら死者たちが現在を支えていることを当たり前のように感じる世界が存在し、生と死は幸福な結びつきをもっていたからである。さらにこのあり方を社会化していく共同体が存在していた。ともにもうひとつ付け加えておけば、この関係のなかに共同体とともに生きる人びとの「おのずから」があったからでもある。

それは彼の日々の暮らしのありようとも重なっていた。新太郎さんは畑を耕し、森を育てながら暮らしていた。そのことのなかに、この村で暮らす人間の「おのずから」のあり方を感じていた。林業が不振に陥ったとき、彼はヤマメの養殖をはじめた。ちょうどその頃、全国各地の川でヤマメの放流がはじまっていた。天然魚が少なくなり、放流によって魚の数を回復する事業が広がったのである。そのことによって川ごとに微妙な違いをもっていたヤマメに変化が生じた。大規模な養殖場で養殖されたヤマメが各地の川に放たれ、元々いなかったようなヤマメが川に生息するようになったのである。もっともその違いは僅かなことではあったが、新太郎さんにはそれは生態系が変化していくことのように感じられていた。ヤマメは鮭科の魚で氷河期には川と海を往復する生活をしていたと思われている。いまでも一部にそういう行動をとるものがいて、それはサクラマスと呼ばれている。ただし大半のヤマメは氷河期が終わって川の水温が高くなったとき、水の冷たい源流域からでていかなくなった。その長い歴史が、ヤマメに川ごとの微妙な違いをつくりだすようになったのである。

新太郎さんは上野村のヤマメを養殖しようとしていた。この村独特のヤマメが女王のように泳ぐ川に戻すことが彼の目的でもあった。もちろん養殖が軌道にのりはじめると販売もしていたのだけれど、先祖から受け継いだ自然を守り抜くための努力も忘れてはいなかった。ヤマメの養殖もまた、新太郎さんにとってはこの村に暮らす人間としての「おのずから」を超えてはいなかったのである。

墓や阿弥陀堂、「神社」、文化を守ることも「おのずから」のなかにあった。そうやって共同体を守っていくことも、もちろん「おのずから」である。すなわち彼の一生そのものが、この村に暮らす者としての「おのずから」とともにあったのである。そしてそれこそが大事なことだと感じられているからこそ、死もまた「おのずから」であり、「おのずから」の死を迎えられることが目的でもあった。自然と生者と死者によってつくられている共同体のなかで「おのずから」から離脱することなく生きることの先に、「おのずから」の死が現れ、「おのずから」の死後の世界がみいだされる。ただし「おのずから」の死後の世界とは、蓮の花が咲いている極楽浄土ではなく、ただただ「おのずから」の世界である。親鸞の和讃が語っているように、報土は「おのずから」なのである。「おのずから」に導かれるような人生を送り、それゆえに「おのずから」に迎え入れられる死というものも諒解できる。そしてそれは阿弥陀の世界でもある。生と死が親しい関係、穏やかな関係であるということの基盤には、このようなことがあった。そこに新太郎さんの「いのち」が存在していて、同時に生きる世界があったのである。

だが、すでに述べたように、近代以降の人間はこのような生と死をつなぐ世界を失っている。共同体に包まれているといってもよいし、風土に包まれているといってもよい「いのち」のありかを失ったとき、人間は個人として生きるしかなくなった。だが、それでもなお、「いのち」は関係のなかに存在している。ところが「生きる」ことは個人の営みに変わった。生きる目的は自己実現などという薄っぺらなことをいうしかないような時代が発生したのである。それは「いのち」の存在と「生きる」こととを分裂させることになる。とともに、必ず訪れるであろう死は個人にとっては解決不能な不条理になった。死があきらめとしてしか諒解できない時代が生まれ、あきらめられないのなら死はストレスでしかない。生と死を包み込む風土を失ったとき、人間は苦悩を背負うことになった。

第四章

個人の「いのち」

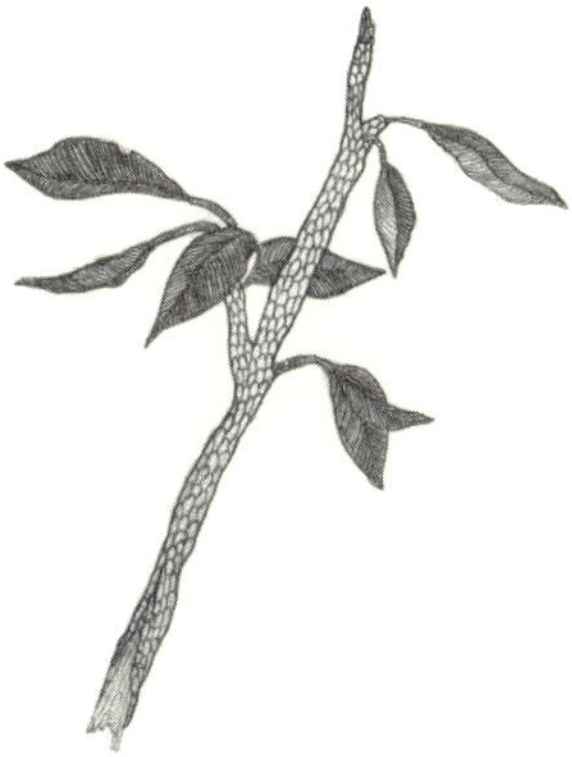

一九五〇（昭和二十五）年生まれの私は、子どもの頃「人の命は地球より重い」という言葉を何度となく聞かされた。それは戦後の日本の人たちが非戦への思いとともに発していた言葉だった。兵士として、さらには空襲によって死んでいった多くの人びとの無念を思うとき、そして二度と戦争をしてはいけないという思いが、この言葉を語らせたのである。

だが私自身はこの言葉に対して複雑な気持ちだった。そう思いたいというのはよくわかるし、そうあってほしいということにも同意できる。しかし現実にこの社会を覆っているのは、人の命の軽さである。戦後になっても、繰り返し戦争はおこなわれていた。世界各地の貧困は簡単に人の命を奪っていた。そして学校でも地域社会でも、私たちは何かに管理されていた。管理できるものくらいに軽いものとして人間を扱う社会がそこにはあったのである。感覚としては、一九八四年にミラン・クンデラが発表した小説風にいえば、「存在の耐えられない軽さ」のなかに、私たちは巻き込まれていた。

誰もが人の命は尊いものだと思っているのに、現実にはそれを軽いものとして扱う社会が形成されている。そのことをどう考えていったらよいのか。

「人の命は地球より重い」というときの命は個人の命である。この個人としての命はいつ誕生したと考えればよいのだろうか。意外なことにそれははっきりしない。生物学的、医学的にいえば、受精したときを基準にすることもできるし、受精後何ヶ月かがたち人間の身体的特徴がつくられはじめたときを基準にという考え方も、さらに母親のお腹から生まれたときという見方もできる。中絶が殺人にならないのは、まだ人間という生命体にはなっていないとみなされるからで、ではいつまで中絶は許されるのかという基準も曖昧である。もうひとつ、主として心理学からの個人の誕生という視点があるが、この場合は自我の形成をもって個の成立とみなされる。自我の形成とは自己の認識、自分なる者がいるということの認識といってもよいのだが、それは同時に他者の認識でもある。自己の認識とは、自己以外のものとしての他者の認識に他ならないからである。それを人間の形成にとって重要なものととらえる視点から、自我の形成をうながす研究として発達心理学などもつくられてきた。だがこの基準も曖昧である。自我の成立をどのレベルでとらえるかによって、自我がいつ形成されたのかも変わってしまうからである。

このように考えていくと、私たちは簡単に生命の誕生とか自我の確立という言葉を使うが、実際にはひどく曖昧に使っていることがわかる。なぜこのようなことが起こるのかといえば、元々生命とは生物学的、医学的であれ、心理学的であれ、科学的にとらえられてきたものではなく、社会的、文化的な文脈のなかでとらえられてきたものだったからである。たとえば中世ヨーロッパの社会では、「いのち」は神によって授けられたものととらえるのが普通だった。自分がつくりだしたものでも、両親によってつくられたものでもなく、神が授けたものであり、だから神の意向にしたがって生きることが、神に「いのち」を授けられたものの生き方ととらえられた。

この発想に同意するかしないかは各自の自由である。だが私が重視するのは、「いのち」はそういうものだと考えながら生きた人びとがほとんどであったのが中世ヨーロッパであり、この考え方が共有されることによって、そういう生命観を当然のこととする社会が形成されていたということである。だからこの社会の内部で暮らしている人びとにとっては、この生命観で問題はなかった。そういう生命観とともに生きていたのである。

日本でも伝統的には似たような考え方が存在していた。たとえば一九六〇年代半ばまでは、農山村社会では、結婚し子どもがほしくなると村の産土神《うぶすながみ》にお願いにいく習慣が残っていた。そのとき夫婦だけでお参りする場合もあったが、地域によっては祖父母や曽祖父母、兄弟など家族全員で頼みにいくことも、さらには集落の人たち全員でお参りにいくこともあった。生命を授けてほしいと神様に頼みにいったのである。ただしヨーロッパ中世の神と日本の産土神では次の三点が異なる。ひとつは産土神はその土地の「いのち」を生みだす神、その土地を越えない神だということであり、もうひとつは産土神が「いのち」を授けているのは人間だけにかぎらず、自然の「いのち」も授けているということである。日本の伝統的な発想では、人間だけを特別扱いはしない。さらにもうひとつは、前章でも述べたように、日本の神や仏の本体は「おのずから」だということである。それは人格神ではない。

現代の社会では、この考え方に同意するかどうかも各自の自由だとしかいいようがないのだけれど、ここでも私が重視するのは、そういう生命観とともに社会がつくられ、この生命観とともに生きた人びとが脈々として存在していたという事実である。その人たちにとってはこの生命観で問題なかった。

すなわち生命観については、その生命観は間違っているとか正しいとかいう言葉自身が意味をもたないのである。そういう生命観とともに自分たちの生きる世界をつくり暮らしてきた人びとにとってはそれで何ら問題ないのであり、異なった生命観をもっている人にとってはそれは奇異なものにみえる、ということだけなのである。

生命観や「いのち」は普遍的な原理でとらえられるべきものではなく、社会的、文化的文脈のなかでとらえられるべきものだといってもよい。とすると次のようなこともいえる。現代社会の文化的な文脈は、あらゆるものを科学的に考察するということによって成り立っている。だからこの文脈のなかにいる人たちは生命をも科学的にとらえようとする。自然科学的であれ、人文科学的であれ、である。ところがこの文脈で生命をとらえようとすると、実際には曖昧なのである。

その曖昧さは死に対しても残っている。医学的にいえば死は身体の停止であり、身体が停止すれば精神も活動しなくなるということになる。精神を脳の活動としてとらえる以上、脳が停止すれば精神も働かないと判断されるのである。ところが身体の停止の基準とは何かということになると、たちまち曖昧さが発生する。ひとつの基準は心臓の停止であろうが、確かに心臓の停止によって血液が回らなくなれば身体は停止せざるをえない。しかしもうひとつ脳死という基準がある。脳が停止すれば精神活動が止まり、いずれ心臓も停止するのだから、脳死をもって人の死としてかまわないという発想である。しかしいずれ心臓は停止するという言い方をすれば、いま生きているものたちの誰もがいずれ心臓が停止するということになる。また「いずれ」といっても脳死した人はその期間が短いということを基準にしたとしても、これは意味のない基準である。なぜなら前章で述べたように、「いのち」はつねに刹那のなかにしか存在しないからである。とすると脳が停止し、精神活動が止まれば生きているとはみなさないということになるのだが、では精神活動とは何を意味しているのか。ここでも基準は曖昧である。

ところがヨーロッパ中世では、人びとは「いのち」は神が授けるという生命観とともに生き、死をとらえていた。その内部にいる人たちにとっては、それで何の問題もなかった。なぜならこの死生観を当然とする社会、文化がつくられていて、人びとはその社会や文化のなかで暮らしていたからである。それは、内容は異なるが、上野村の新太郎さんの世界にもいえる。「おのずから」のままに生きて「おのずから」のままに死を迎える。死者を迎え入れるのも「おのずから」の世界である。そういう死生観を当然のこととする共同体が存在し、ゆえにその共同体とともに生きた新太郎さんたちにとっては、死はそのようなものであった。

生命の誕生も死も、それは社会的、文化的出来事なのである。少なくとも近代以前の人びとはそう感じて暮らしてきたし、近代以降になっても同じようなとらえ方で生きてきた人びとはたくさんいた。そしてそうであるなら、「いのち」もその死も普遍的な原理でとらえられるものではなく、ローカル世界のなかでとらえられてきたといってもいいだろう。

二十世紀が終わろうとする頃、日本では脳死を人の死とすることをめぐって議論があった。臓器移植のためには、脳死を人の死とした方が都合がいい。そんなこともあって、脳死を死の判定基準にしようとする動きが生まれていた。

この動きに対して大半の哲学研究者は反対するという立場をとっていたように思う。私もその一人だった。なぜ反対なのかといえば、死の基準を法律で決めること自体に同意できなかったからである。もちろん心臓が停止すれば身体は壊れていくばかりだから、心臓の停止をもって死とすることには問題はない。それは人間たちが経験的につかみとってきた人の死でもある。つまり社会的、文化的文脈としても、人びとは心臓の停止をもって人の死としてきたのである。

ただし私の意見は脳死を人の死と考えてはいけないということではなかった。それを基準に考えたいという人がいるなら、その人はそれでかまわない。私はそれを法律で定めることに反対だったのである。死は科学や法律で決定されるものではなく、文化的営みのなかでとらえられるべきだと私は考えていた。さらにそれは、均一の原理によって定めるべきものでもない、と。

たとえばある宗教グループが存在し、そのグループの信者たちは人間は心臓が止まってもその後一週間は生きていると固く信じていたとしよう。この考え方は、この宗教グループ以外の大半の人びとには奇異な考えのようにみえるが、ではこの考え方が間違っているのかということになれば、それは判断できないことである。私たちが知ることのできるのは、そういう死生観をもっている人たちがいるという事実だけである。もちろんこのグループの人たちが、自分たちの考えにすべての人があわせるべきだと迫ってくるのなら、それは大きな誤りである。死のとらえ方はそれぞれの人びとが暮らす文化とともに多様にあってよく、それは本来その人が属する社会的、文化的な営みのなかで確認されていく営為である。

少しだけ個人的なことを述べておくと、私の祖父は曹洞宗の僧侶だった。名古屋の郊外の寺にいたが、代々の僧侶ではなく、祖父がなぜか僧侶になってしまったのである。父は長男だったから寺の住職を継ぐ立場にあったが、学生時代に違う方向に向かい映画の制作者などをしていた。そういうわけで私の家では仏教色はほとんどなく、しかも祖父は私が小さい頃に亡くなっているから、名古屋の寺のこともあまり知らない。

そういうことではあるけれど、伝聞では祖父のいた寺のことをいくらかは聞いていた。法事のときに親戚が話してくれたことなどである。そのなかに次のような話があった。この名古屋の郊外の寺は、昔は農村の寺だった。檀家さんたちはよく寺に出入りし、寺は生と死をあわせもつコミュニティの場という雰囲気をもっていた。この寺では祖父は死後戒名をださなかった。戒名とは仏の弟子になったときに与えられる仏名で、生きているときに受戒式をして受けるものなのである。この考え方を維持していたから、死者に戒名をだすということをしなかった。しかしそれで別段問題はなかった。檀家さんたちは戒名は生前に受けるものという考え方をよく理解していて、そろそろ受けた方がいいかなと思うと受戒を頼みにきたものだった。ときには仏教に熱心で若いうちから戒名を受ける＝在家として仏門に入る人もいたが、大半は歳をとってから受けるのが普通だった。ところが、寺にしばしばきている人でも、「そろそろ」などという話をしているうちに急死してしまう人がたまにでるのである。そうなると亡くなった家の家族は大慌てだった。仏の弟子にならずに亡くなって成仏できるのかと心配だったのである。亡くなることは「おのずから」であるが、戒名も受けずに亡くなって「おのずから」の未来にいけるのかということが不安であり、「大変なことがおきた」と寺に駆け込んできた。そういうときは祖父はただちに亡くなった人の家に出かけ、まだ死んではいないことにして、枕元で受戒式をおこなった。そして戒名を授けた。この儀式が終わって、はじめて、集まった人びとは正式な死と認めたのである。もちろん人が亡くなった以上、死亡確認をするために医者も駆けつけてきたけれど、医者もまた亡くなった時刻を受戒式の後とする死亡診断書を書いてくれた。それが地域の医者でもあった。

ときには祖父が出かけていて一日くらい死亡時刻がずれるのだから、いまそんなことをしてバレれば、医者も不都合なことになるだろう。だがかつての農村という地域社会のなかでは、これが正解だった。誰もが歳をとればそろそろ受戒を受けようと思う地域社会、地域文化があり、この社会的、文化的文脈のなかで人びとは死者を送り出す。それがもっとも諒解できる死の確認だったのである。

生から死への飛躍が死であるとするなら、その飛躍をどうとらえるかは、死生観とともに、あるいは死生観を生みだした文化、風土ごとにさまざまであった。この視点に立つなら、脳死を人の死として認める法律をつくることなど許容できるはずはない。それが私が脳死を法制化することに反対した理由だった。

だが人の死を社会的、文化的文脈でとらえるためには、それを可能とする社会的、文化的な共有がなければならない。そしてそこに共同体があり、風土があった。

ところでここで私が使っている共同体という言葉の意味は、関係によって結ばれている世界、ということである。詳しくは拙著『共同体の基礎理論——自然と人間の基層から』(農山漁村文化協会、二〇一〇年)を参照していただければ幸いだが、私は共同体を持続的な関係がつくりだした共有された世界としてとらえている。だから一番小さな共同体は家族であり、地域共同体もまた持続的な関係がつくりだしたものということができる。

かつての共同体理論では、共同体は個人を圧殺する組織的結合として語られることが多かった。しかし、はたしてそうなのだろうか。たとえば上野村の新太郎さんは共同体とともに生きた人である。その彼は、個人の意志を圧殺されていただろうか。そんなことはなかった。彼はつねに自分の意志で働き、暮らしをつくり、自分の意志で発言していた。それをとがめる者は誰一人としていなかった。ただし新太郎さんの意志は、つねに、共同体とともに生きたがゆえに生まれてくる意志だったのである。だから彼は自然とともに生き、村とともに、死者たちとともに生きた。そしてそういう彼を、村人たちは評価し、尊重していた。

つまり新太郎さんは、共同体とともに生きたがゆえに、尊重される個人でもあったのである。もちろん集落の会合などでは、みんなの意見の一致を大事にして自分の意見をほどほどにしておく、くらいのことはあっただろう。だがそんなことなら、私たちも日常的にしていることだ。別に共同体だからということでもない。すなわち、共同体とともに生きることと個の尊重とは矛盾することではなかったのである。

それは私の祖父がいた名古屋郊外の農村でも同じだった。共同体とともに生き、共同体の人たちに見送られながら死への飛躍をとげる。それは共同体の一員としてのあり方だ。しかもこの共同体では受戒を受け、仏門に入ってあの世にいくのが成仏を願う人たちの避けることのできない習わしだった。だから急死したときには急いで受戒式をおこなったりもしていたのである。そしてそれもまた亡くなった個人に対する心からの尊重でもあった。そうすることによって、個人の思いを尊重したのである。ただしその個人の思いは、共同体の思いと重なっていた。

近代以前の個人とは、このような個人であったといってもよい。個が確立されていなかったわけではない。個の確立と共同体に包まれた個であることとが矛盾なく成立していたのである。実際日本の古典文学を読んでいると、『枕草子』や『源氏物語』のような作品でも、あるいは民衆説話を集めた『日本霊異記《にほんりょういき》』のようなものでも、そこに登場してくる人たちが個として生きている人たちだということはすぐわかる。ときにはうんざりするくらい個我の強い人間が描かれている。しかしその人たちもまた、共同体とともにある個人でもあった。

近代社会は、このような個のあり方を消滅させたのである。近代になって個が確立されたわけではない。政治学者の神島二郎の言葉を使えば、人間が「裸の個人」になったのである（たとえば『転換期日本の潮流』中公叢書、一九九〇年）。それまでは自分を包んでいる世界とともに自己があり、個の確立があったのに対して、近代以降になると自分を包む世界がなくなり「裸の個人」が発生した。

もっとも現在でも個人を包んでいるものが全くなくなったわけではない。上野村では共同体が包んでいるし、家族という最小の共同体が個人を包んでいることはよくある。家族という最小の共同体に包まれることと個の確立が矛盾しない関係をつくっていることはよくあるといってよい。しかし逆からみれば、家族しか包むものがないときは、それが壊れているとき、何ものにも包まれない完全な「裸の個人」が誕生してしまうことにもなる。それを、居場所を失った人間の誕生といってもよい。さらに述べれば、外からみればどうしようもないような宗教グループや町の集団であったとしても、それに自分を包んでくれるものがあると感じている人たちにとっては、それは失ってはならない大事なもののように感じることはよくある。

近代以降の社会は、こうしてひとつの矛盾を抱え込んでしまった。「裸の個人」という性格が高まれば高まるほど個人の居場所がなくなってしまったのである。その結果個人が尊重されるようになったのかといえば逆だった。尊重は関係のなかで成立するものだったのである。たとえば犬や猫をみても、その犬や猫と関係を結んでいる世界のなかではその犬や猫は尊重された家族だけれど、関係を結んでいない人間にとっては関心をもつ必要さえない生き物にすぎない。

「裸の個人」がつくりだすバラバラな社会では、他者はどうでもいい人たちにすぎなくなった。道を歩いていくときにすれ違っていく多くの人たちのようなものだ。そのすれ違っていく人たちに対して、私たちはぶつからないようにしようとか、そこが治安の悪い場所ならちょっと警戒するとかくらいのことはする。しかし通り過ぎてしまえば、すれ違った人たちは記憶にさえ残らない。自分に影響がありそうなかぎりでは何らかの対応をするが、その可能性がなくなればどうでもいい他者でしかなくなる。このあり方が現代社会を覆い、その結果誰も尊重されない社会が成立していく。それが近代以降の社会の一面である。そしてそのことに気づいたからこそ、いま多くの人びとがコミュニティ＝共同体づくりや関係性づくりに価値をみいだしている。それが現在だともいえる。

晩年のレヴィ＝ストロースはインタヴューのなかで次のように述べている。「人間を世界の他のものから切り離したことで、西洋の人間主義はそれを保護すべき緩衝地域を奪ってしまったのです。自分の力の限界を認識しなくなったときから、人間は自分自身を破壊するようになるのです」（『遠近の回想』竹内信夫訳、みすず書房、二〇〇八年、二九一頁）。

人間から切り離された「他のもの」は第一に自然である。とともに自然から切り離されたとき、自然と人間の関係を基底において生みだされていく一切のものを人間は失った。それは日本でいえば自然と人間からなる共同体であり、その共同体がつくりだす死生観や文化などであったりもする。そういうものがすべてはがれ落ちていって「裸の個人」になったとき、「人間は自分自身を破壊する」ようになった、この引用はそう読んでもかまわない。

個の自由を求めて、近代社会は個の自立に価値をおいた。そのことによって誰もが尊重される個の社会をつくろうとした。だが皮肉なことに、それは個が尊重されない社会をつくったばかりでなく、何ものにも包まれることのない「裸の個人」を、E・フロム的にいえば「浮き草のような大衆」、「根無し草の大衆」をつくっただけだったのである（『自由からの逃走』）。いわば、居場所のない人間をつくったといってもよい。それは「いのち」の居場所のない人間の誕生でもあった。

近代的な個人の形成はなぜ居場所のない個人を生みだしてしまうのか。この問いに答えるのは簡単ではない。なぜなら、すでに述べたように、一面ではいつの時代でも人間は個人だったからである。

たとえば中世ヨーロッパにおいても、人間は神に「いのち」を授けられた個人だった。だがその個人はふたつのものと関係性をもっていた。ひとつは共同体との関係性、もうひとつは神との関係性である。ここでの共同体は新太郎さんの世界のような自然と生者と死者の共同体ではなく、生者がつくりだす共同体ではあったが、人びとが共同体との関係性のなかで生きていたことに変わりはない。とともにもうひとつ神との関係性があった。このふたつの関係性に包まれた個人であったといってもよい。

ところが近代社会はこのどちらの関係性をも葬り去ることになった。一方では共同体との関係性をもたない人びとが登場し、他方では神は個人の信仰のなかには残っても、社会のなかには存在しなくなったといってもよかった。信仰は個人のものになり、社会理論からは切り離されたのである。もちろん宗教が政治に介入するのは、私も賛成できない。歴史を振り返れば、その弊害はいくらでも指摘することができる。ただし次のことはみておかなければならない。

たとえば『欧州百鬼夜行抄』(杉崎泰一郎、原書房、二〇〇二年)という本がある。それは中世ヨーロッパ社会が、いかにキリスト教の教義から逸脱したものを内蔵した「キリスト教社会」だったのかを書いている本なのだけれど、その内容は私のわずかばかりのヨーロッパ滞在の記憶とも合致する。死者の魂が悪霊としてよみがえり、そのことにおびえる人びとがいるというようなことが、教会絵画から読み取れたりするのである。キリスト教的には死者は天国か地獄（カトリックでは煉獄《れんごく》もあるが）にいくのであって、悪霊としてこの世界によみがえってきたりはしない。にもかかわらず、そういうものにおびえていたのが中世ヨーロッパでもあった。死者のたたりを恐れた日本の御霊《ごりょう》信仰のような世界である。

なぜそういう考え方が覆っていたのかといえば、中世に人びとが信じていたキリスト教の多くは、自分たちの生きる世界と結んでいて、自分たちの生きる世界を説明するキリスト教であり、その意味で自分たちの世界観を説くキリスト教だったからである。それは共同体のキリスト教だったといってもよい。つまりキリスト教の純粋な原理が浸透したからキリスト教社会がつくられたのではなく、人びとが自分たちの生きる世界をつかみとるものとしてキリスト教を受け入れたがゆえに、キリスト教社会が生まれた。ところがこの過程では、自分たちの世界をとらえる上で必要なものは排除されるわけにはいかなかった。こうして土着的に信じられてきたものも、その一部がキリスト教と一体化し、共同体の世界観と矛盾しないキリスト教に「改変」された。それがキリスト教社会の拡大を生み、しかしそのキリスト教は原理からみると「不思議なキリスト教」という一面ももつことになったのである。

フランスのある村に滞在していたとき、村人たちが立ち話をしていた。「聖地に行きたいね」というような話である。私はちょっと意外な気がした。この村にも教会はあったけれど、すでに信仰の場としては使われなくなっていた。神父さんもいないのだけれど、村のコミュニティセンターのような役割で使われていた。つまり熱心なクリスチャンの世界はこの村にはなくなっていたのである。それなのにみんなで聖地に行きたいと話し合っている。このとき私が「ローマに行くのですか」と言うと、みんなが大笑いをしはじめた。フランスはカトリックが多いはずなので私はそう言ったのだけれど、まるで「日本人はおもしろいことを言う」というような雰囲気だった。そして立ち話をしていた一人が言った。「なんでローマなんかに行かなければならないんです。あんなところ行ったってしょうがないでしょう。我々の聖地はスペインの方ですよ」。そうか、巡礼の道かと私は思った。奇跡の山や奇跡の泉がある聖地である。

自分たちの信仰は教会ではないということなのだろう。いまでは自分たちの信仰と教会の信仰が区別されているがゆえに、「ローマに行くの？」と日本人に言われて大笑いになったのだろうが、昔の村々のキリスト教ではそれは分けられていなかった。もしかするとこの村の人たちも、昔は悪霊におびえていたのかもしれない。それが共同体のキリスト教だった。そして、それがゆえに、キリスト教社会では、たえず異端狩りや魔女狩りがおこなわれていたのである。純粋なキリスト教を基準にすれば、異端がそこら中に発生していることになる。

共同体という、さまざまな生きる世界が展開している時代の信仰、宗教とはそういうものだった。村の信仰、宗教なのである。そしてこの世界のなかで人びとは、生とは何か、死とは何かをつかみ取っていた。

ところが近代に入ると信仰は個人のものになる。そうなれば信仰、宗教は個人としてそれを信じたときのメリットとデメリットに変わる。メリットの方が大きいと感じる人たちは信仰をつづけ、そのために縛られるデメリットの方が大きいと感じる人たちは次第に離れていく。それは宗教の没落を生みだす。ところがそうなることによって、宗教は教義に対して純粋化されるといってもよい。共同体時代の宗教がまとっていた風土的世界、歴史がつくりあげてきた世界観などに浸食されることなく、個人が教義を受け入れるものへと変わったからである。

そのことが、共同体の死生観から個人の死生観への変化をもたらしたといってもよい。共同体に包まれることによって諒解されていた死生観が、個人として諒解する死生観へと変わった。そしてそれは、生と死を苦悩に変えたといってもよい。冒頭で紹介した、ショーペンハウエルの世界が発生した。

前記したように、十九世紀フランスの政治社会学者、トクヴィルは『アメリカのデモクラシー』のなかで、〈アメリカ人は美しい森や湖をみても何も感動しない。その森や湖を農地や牧場に変えたときはじめて感動する。いや正確にはそうではなく、森や湖を農地や牧場に変えた自分自身に感動している……〉と書いていた。そしてこの指摘のなかに近代的個人の一面が描かれていると私は述べた。

近代的個人、神島二郎的にいえば「裸の個人」とは、すべてのことを自己に還元させてとらえる人間だといってもよい。なぜなら極言すれば自分しかこの世には存在しないからである。もちろんさまざまな他者が存在することくらいは知っている。しかし、自分が死ねばこの世界が終わる。ということは、根源的には、この世界には自分しか存在しないということになる。そしてそうである以上、すべてのことは自己に還元されてはじめて存在の意味をもつのである。世界もそこに自己が存在することによって意味をもつ。自己の存在しない世界は成立しえない。家族も友人もそこに自己がいるから意味をもち、自然さえもがそういうものになる。歴史も文化も自己にとっての意味にすぎない。だからそのことに関心がなければ、それらは存在しないに等しい。「裸の個人」とはそういう存在としての人間のことだ。あるいはそれはレヴィ＝ストロースが「自分自身を破壊するように」なったと語った人間である。

すべての価値は自己にとっての価値なのである。あるいはすべての価値は自己のものになってはじめて価値をもつといってもよい。だからトクヴィルがいうように、農地や牧場にした自分自身のすばらしさや達成感に感動している人間が登場することにもなる。

実際現代の人間たちは、大きな仕事をやり遂げたときも、逆に地味な仕事を完了したときにも、その仕事に価値をみいだしているというより、その仕事をやり遂げることができた自分自身に価値をみいだしていることが多い。家族と旅行したときでさえ旅行を実現させた自分自身に価値をみいだす。そんな一面をもっているのが近代的個人である。

もうひとつ自分の話を述べさせてもらえば、二十年くらい前に私は明治のある思想家についてのシンポジウムに出席した。依頼されたとき、私は他の人にした方がよいと辞退しようとした。私はその思想家をそれほど評価していなかったのである。だから批判的なコメントをするかもしれない。それでもよいと主催者がいうので出席したシンポジウムだった。壇上での議論が進行していたとき、一人のパネリストが次のような発言をした。「先生（明治のその思想家）は子どものとき、お母様と一緒に外出されて道端で泥と汗にまみれて働いている人をみかけたそうです。そのときお母様が、あの人たちを見下してはいけませんよ、あの人たちこそが社会の基礎をつくっているのですから、とおっしゃったそうです。先生は生涯この言葉を忘れずに生きたすばらしい方でした」。

この発言に、ついに私は我慢できなくなった。これこそが明治以降の知識人のもっとも悪いところではないか。自分はけっして泥と汗にまみれて働くことはない。いわば知の高みにいるのである。しかし、見下してはいけないという倫理観が自分のすばらしさとして確認されている。価値はその働いている人にあるのではなく、その人たちを見下さないという自分自身にある。そうやって働いている人たちをみて、知の営みに価値をみいだしている自分の限界を感じたとか、このときの記憶をきっかけとして後に違う方向に進んだ、その人たちと話をして生涯つきあうようになったとかいうのなら、それはそれでよいだろう。しかしそんなことは何も起こらなかった。自分は思想の高みにいつづけた。そしてお母さんの言葉を大事にしてきた自分を歳をとってからも語った。

この発言を聞いたときに私は何ともいやな雰囲気を感じた。見下さない自己に価値をみいだしている知識人の傲慢さ。しかし傲慢ではないと思っている自己がいて、その自己にまた価値がみいだされている。一種の選民思想である。しかしそのことに気づいてもいない。しかもそのことをすばらしいこととして紹介するとは。

この発言は、現代人がもっている一面を明示しているがゆえに私にはいやなのである。このような論理をいかに打ち破っていくのかが、思想のひとつの課題だったのではなかったか。ゆえに、自分の限界がどこにあるのかをみつづけようとしたのが戦後のもうひとつの思想史でもあった。

個人として生きた人間は、すべての価値を自己に還元させたのである。「見下さない」自己にこそ価値があり、それを生涯忘れなかった自己に価値がある。トクヴィルが述べた森や湖を農地や牧場に変えた自分自身に感動している人間は、トクヴィルにとってはアメリカ開拓民の精神として映っていたが、それは近代的個人の精神でもあった。

とするとこのような精神の問題点はどこから生まれるのだろうか。その原因のひとつが「交わらない」というところにあるのは確かだろう。紹介された明治の思想家は、土と汗にまみれて働いている人と生涯交わることはなかった。思想家は個としてのまなざしをその人に向け、そこに自分とは違う個をみただけである。つまり働いている人は、けっして自己と交わることのない個として、そのような他者としてとらえられていた。そうであるならその他者とは、自分にとっては「見下してはいけない」他者なのか、「見下してもよい」他者なのかでしかない。すなわち見下しているのかいないのかは自己のまなざしのありようとしては同じなのである。しかし自己に価値をみいだす自己肯定の意識としては、その人は見下してはいけない他者であった。

ところがこれまで何度も触れてきた上野村の新太郎さんの世界はそういうものではなかった。新太郎さんにもさまざまな他者は存在する。自然も彼にとっての他者であり、村人たちも他者である。さらには村の文化や歴史も他者であり、死者も他者である。だがこれらの他者は、たえず彼と交わっている。自然や村人との関係のなかに自己があり、文化や歴史、先祖や死者との関係のなかに自己がある。新太郎さんの他者は、それらの他者がいなければ自己が成立しない、そういう他者である。

このような自己と切り離すことのできない他者を、切り離された他者に変えたのが近代的個人でもあった。交わることのない他者へのまなざしが成立し、そのまなざしは自己確認の役割をはたす。それはときに「見下さない」自己であり、同情している自己、気遣っている自己、彼らのために何かをしてあげようとしている自己である。そういう自己が自己の価値を肯定させる。だからそれらは、根本的には、「見下している」自己、無視している自己とまなざしのありようとしては変わらない。

だがここで私たちは、自分がある泥沼にはまっていることに気がつく。それは私たちがある種の偽善とともに存在しているということである。この偽善を振り払おうとしても、それから逃れられない自分が存在しているということである。個として自己の存在をつくりあげている人間にはこのような一面があり、近代社会は私たちにそれを強いているといってもよい。

こうして私たちはたえず「他者へのまなざし」に苦悩しなければならなくなった。はたして社会的な弱者への私のまなざしは、自己肯定的な自己愛の上に成り立ってはいないだろうか。はたして諸外国の弱者へのまなざしも、同じ問題をはらんではいないだろうか。偽善から完全に逃れることができない以上、「弱者の立場に立って考える」などと言って終わりにしてはいられないのである。

ところがその私たちは、内容は違っても、新太郎さんと同じような世界をつくりだすことがある。それは他者とともに生きようとしたとき、他者とそれがなくてはならない関係をつくりだしたときである。

たとえばその他者は自然でもよい。個としての自然へのまなざしは、客観的な自然を映しだす。自分の外にある自然だといってもよい。それは美しい自然かもしれないし、恐ろしい自然かもしれない。あるいは研究対象としての自然、経済的利益を与えてくれる自然かもしれない。客観的な自然は個が価値をみいだしていく自然だといってもよい。ところが、たとえば農業をはじめると、その自然は違うものになってくる。農業は自然と人間の共同作業である以上、ここでは自然と人間が深く結び合うことになる。自然の営みと自分の営みがたえず結び合うといってもよい。自然があってこそ自己が存在するという関係が成立してくるのである。

それは家族や友人であってもよい。その人たちがいてこそ自己が存在するという関係が生まれれば、もはや家族や友人は客観的な存在ではない。同じようなことが、たとえば障害者とともに生きようとしている人たちのなかでも成立している。一緒になってともに生きる世界をつくろうとしている人たちにとっては、その人たちがいなければ自分自身の生きる世界が成立しないという関係がつくられている。そこには現代的な共同体が成立しているといってもよい。

近代社会は個人の社会として成立した。だがそう述べるだけではとらえ方は一面的になる。カール・ポランニーは市場経済の時代にあっても非市場経済が存続していると述べたが、同じように個人の社会にあっても、それだけに純化されない共同性の領域が存在しうるのである。だが近代史は個人の社会に向かって純化していくのが歴史の進歩だととらえ、またその方向に人びとを向かわせてきた。その結果、社会のなかに内在している共同性をつかもうとはしなかったのである。しかし今日では状況は変わっている。個人の社会＝すべてが個に還元されていく社会の限界が意識され、多くの人たちが他者との結び方を模索しているのが今日の社会でもあるからである。そしてこの変化は「いのち」のありかのとらえ方をも変えていくことになるだろう。はたして「いのち」は個体性のなかに存在しているのか。それとも関係性のなかに存在しているのか。

ところで関係性を衰弱させた個人はなぜ発生したのであろうか。私には中世ヨーロッパの偶然がそれを成立させたように思える。それは次のようなことである。

ヨーロッパ中世はたえざる戦争とともに展開していた。中世前期では戦争に勝つための条件は優れた参謀と勇敢な兵士であったといってもよい。戦略、戦術に長けた参謀と、死をも恐れない勇敢な兵士がいれば、戦争を有利に展開させることができた。ともにこの時代には、多数派であった農民たちからすれば、戦争は王様や貴族の戦争にすぎなかった。どちらが勝っても、土を耕しながら生きる自分たちの暮らしはさほど変わらない。兵士に志願するか農地が戦場にでもならないかぎり、農民の暮らしは変わらないのである。

だが中世後期に入ると様相は変わってくる。使用する武器が高度化しはじめたのである。鉄砲、大砲、軍艦による海戦。戦争に勝つためには、国力の増大が欠かせなくなった。鉄砲や大砲が用いられるようになれば、弾はたえず補給されなければならない。戦争の最中も武器の生産がつづけられ、それを戦地に送る輸送も重要になる。さらにその基盤として鉄の生産力なども大きな意味をもつことになった。とともに兵士だけでなく背後で生産に従事している人たちや輸送に携わる人びとへの食料の提供も欠かせないものになった。戦争に勝つためには、国富の増大と一致団結して戦争に協力する国民が必要になったのである。国の危機を我らの危機としてとらえる国民が必要になったといってもよい。

十七世紀のイギリスにウィリアム・ペティがいた。多岐にわたって活躍した学者であったが、第三次英蘭戦争がおこなわれていた一六七〇年代に『政治算術』を執筆している。そのペティが目指したものは、イギリスの国富の増大だった。彼はさまざまな国の国富を数量的に明らかにした人でもあったが、ペティは国富の増大のためには国内の労働量を増やす必要があると考えていた。国を挙げて働く必要があるということである。この本のなかで彼は、自給自足的生活に甘んじ、欲をもたないアイルランドの農民を批判していたが、そういう人たちが国富の増加を妨げているというのが彼の説である。誰もが労働に意欲を燃やさなければならない。そのためには人びとに金儲けの楽しさを教えなければならない。金を儲ければいろんなことができるのだということを教えれば、人間たちは怠惰な生活をやめ、より多く働くようになるだろう。それがペティの政治経済学であった。

ペティから百年ほどがすぎると、古典経済学の祖ともいわれるアダム・スミスが出てくる。スミスの経済学はいまでも多くのことを私たちに教えてくれるが、彼の経済学もまた国富の増加が目的であったことに変わりはない。スミスの時代はもちろん中世ではないが、中世後期以降のヨーロッパが「国富を課題とする時代」であったことに変わりはなかった。こうして経済が大きな課題になっていく。それが経済学を生みだしたといってもよいのだが、この過程でのもうひとつの課題は国民の形成だった。たとえば日本をみても、明治以前の日本には国民は存在しない。最大限拡大しても○○藩や江戸、大坂の人間であり、さらには○○村の人間であった。それぞれの生きる世界に属していたのである。

それはヨーロッパでも変わることはなかった。ところがこのかたちでは戦争が遂行できなくなった。国家の危機を我が危機としてとらえる態勢が必要になったのである。自分たちを国民として意識する人間たちを国家は形成しなければならなくなった。こうして生まれてくるのが国民国家である。国民国家とは、それまで共同体とともに生きていた人びとを国民という個人に分解し、その個人を国家が一元管理するかたちである。

絶対王政の時代とは、中央集権と国民国家を目指した時代だったといってもよい。ところがそれはうまくはいかなかった。王政にしても貴族たちにしても、その基盤は領地である。そうである以上、領地を基盤にした権力を解体することはできないし、その上に国家がのっかっているかぎり、完全な中央集権国家も、国民の形成も中途半端にしか実現できないのである。そういう矛盾をもちながら、中央集権国家と国民の形成を求めたのが絶対王政の時代だったといってもよい。したがってそれは、見果てぬ夢でもあった。

壁をつくりだしていたものは、領地制度であり、それを基盤にした王政や貴族制度だったのである。だから近代革命には、この壁を取り払うという一面があった。もちろん、たとえば一七八九年に発生したフランス革命は自由、平等、友愛という近代の理念をうたいあげ、そこには社会改革を目指すさまざまな人びとが結集していた。だが同時にこの革命は、戦争をとおして求められていた国家と国民の時代を実現させるという面もあった。革命に結集した人びとは、そんなことは意識していなかっただろう。しかしそれは、中世後期からの目標の実現という歴史上の役割をもはたしたのである。だから近代革命が成立しても、国富の増大を目指す国家、それを基盤にして戦争に勝利できる国家を形成するという方向は、いささかも変わることなく今日まで受け継がれることになった。近代革命は、それまでの国家が目指していた方向性を引き継ぎ、完成させる役割もはたしてしまったのである。

近代的個人を成立させる出発点は、国民の形成にあったのだと私は思っている。それをうながしたのがヨーロッパの戦争だった。その意味では近代的個人の形成はヨーロッパの偶然が生みだしたものでもあったのである。とともにその実現は近代革命が成立し、近代的市民の社会が誕生することによって成立することとなった。国民国家への方向性が先行し、個人の社会が生まれることによってそれが完成する。こうして生まれていくのが国民国家である。

そしてこの変化は、次に資本主義の形成をうながすことになる。なぜなら国民という個人を国家が一元管理する体制がつくられ、社会も市民という個人を基調にした体制に移行した以上、経済もまた個人を基盤にした経済になった方が整合性があるからである。それまでの農村共同体を基盤にした経済や同業者共同体の経済ではなく、そういうものに縛られない個人としての経営者、個人としての労働者によって成り立つ経済が、こうして力をつけていくことになった。

資本主義＝資本制商品経済＝資本制市場経済とは、商品生産の経済でも市場を活用した経済のことでもない。それだけなら商品生産は古代でもおこなわれているし、古代地中海の世界でも市場は存在していた。資本主義はその単純な延長線上にあるのではなく、個人としての資本家、個人としての労働者が誕生したことによって発生したのである。資本家は旧時代のように農村共同体や同業者の共同体に縛られることなく、自由に経営し、自由に富の増大をはかれるようになった。そして労働者も旧時代の人間のあり方に縛られることなく自由に自分の労働力を売買することができるようになった。マルクスが『資本論』のなかに書いた自由な労働者の出現である。もちろんそれは労働市場に自由に参入し、自由に自分の労働力を売ることができるという意味においてであり、現実には働かなければ生きていけない労働者、自分の労働力を売った後には自由を失った労働が待っているということなのだが。

こうして誕生したのが、国民国家、市民社会、資本主義が三位一体のかたちで展開する近代以降の時代である。

かつての個人は共同体に包まれた個人であった。上野村の新太郎さんをみれば、自然と結ばれてこそ成立する個人、村人や死者、歴史や文化と結ばれているがゆえに成立する個人だったのである。それに対して近代的な個人は、何ものにも包まれない個人、自己完結する個人になった。自分が死ねばこの世界も終わる、そういう個人になったのである。それが近代的な自由な個人であった。だからその個人はすべてのことを自己に還元させる。トクヴィルが述べたように、森や湖を農地や牧場に変えた自分自身に感動している人間、自己にしか価値をみいだせない人間を誕生させることになった。そしてそれは、自己の「いのち」にしか価値をみいだせない人間の誕生でもあった。

ところがこの近代的個人は、ヨーロッパがつくりだした偶然から生みだされた。戦争に勝利できる国力のかたちを求めて、形成の道を歩みはじめたのである。そしてそれを完成させたのが、国民国家と市民社会、資本主義の三位一体の体制であった。にもかかわらず人びとは近代にひとつの夢をみた。個が尊重され、自由で平等な個が誕生していくという夢である。

それは間違っていたわけではない。フランス革命は自由、平等、友愛を高らかにうたいあげていたし、それを実現しようとして人びとは努力してきた。その努力によって実現されたものもたくさんある。そして社会のなかに潜む不正や矛盾が発見されるたびに、多くの人たちは、「まだ近代の理念が十分に実現していない」と語ってきた。

しかし現在の私たちは、この近代の理念のなかに怪しげなものが潜んでいることに気づきはじめている。前記したシンポジウムを振り返れば、道端で土と汗にまみれて働いている人をみて「あの人たちを見下してはいけない」と発言するまなざしのなかに、真の自由や真の平等があるのだろうか。むしろみえているのは、個の傲慢さである。いわばそういうまなざしを生みだしていくことのなかに、近代の自由や平等があったのだということに、私たちは気づきはじめた。

この怪しげなものは、次のように表現してもかまわない。私たちは生まれたときから、進学し、いずれ仕事をもつことを義務づけられている。多くの人にとっては進学と就職が義務づけられているといってもよい。だが、なぜそうしなければならないのかはどこにも説明されていない。それが人間の道であるというようなことは、どこにも書いてないのである。しかしはっきりしていることは、この道を歩むことを国家も社会も資本主義も強要しているということだ。進学もせず働きもしない人間が生きる場所を、国家も社会も資本主義も用意してはいない。だから、よほど特殊な条件の持ち主でもないかぎり、そうするしかない。すなわち私たちは何者かに強制された存在であり、しかしそれを当然のこととして受け入れているがゆえに、そこに問題があるとは感じない。

すべてがこういう構造なのである。私たちは不自由や不平等を発見し、それをなくすために努力することはできる。そしてそれはときに貴重な成果をもたらしたりもする。だがここでも、自由とは何か、平等とは何かは問い直されてはいないのである。近代社会が私たちにもたらした自由や平等の概念を受け入れることによってのみ、私たちは正義を主張することができる。

ここにもまた強制された理念があり、しかしそれを当然のこととして受け入れているがゆえに、この理念のなかに問題があるかもしれないと問い直したりはしない自己がいる。

根本的なものが問い直されず、しかしその理念を基に展開している現実のなかに巻き込まれる。そういう怪しさがこの社会には成立している。

私たちは国民として生きている。国民という居場所をもっているといってもよい。しかしその国民は、戦争が形成をうながしたものにすぎない。だから根源的には国民という実体はないのだといってもよい。しかし単なる共同幻想だともいえない。なぜなら国民が存在することを前提にして国家も世界もつくられているからである。国家や世界がつくりだす諸関係は、国民として生きることを私たちに強制し、それから抜け出せないがゆえに私たちは国民という実体をつくりだしていく。

それは近代的市民でも同じことだ。近代的市民もまた歴史のなかでつくりだされたものであり、市民という共同幻想がつくりだしたものだということもできる。しかし市民という名の個人を基盤にしてこの社会がつくられ、それが社会的諸関係になっている以上、その関係のなかに居場所を求めれば、市民という実体として生きるしかない。同じように資本主義もまた、資本主義的な諸関係のなかに自己の居場所をつくるとき、私たちは経営者であれ労働者であれ、資本主義を成立させる実体として機能する。

　実際には、あらゆるものの根本が問われていないのである。にもかかわらずそれらがつくる諸関係のなかで、私たちは生きるしかない。そういうものがつくりだす怪しさが現代を支配する。そのことに気づきはじめたのが、現在の私たちでもある。


　個人の社会はこのような時代をつくりだした。個人であるがゆえに現実的な諸関係から抜け出せず、何かに強制されていると感じてくる。なぜ老後は年金で暮らさなければいけないのか。それも根本的には説明されていない。しかし現実には、年金で暮らすという以外の選択肢は、ほとんどの人には用意されていない。そういう諸関係のなかにしか生は存在しない。とすればこの生のなかにも怪しげなものが潜んでいる。

　なぜ障害者という概念を与えられ、障害者として生きなければいけないのかも説明されていない。にもかかわらず、現実にはほとんどの場合それを受け入れるしかない。それは、そのような生でありつづけるということだ。

同じことが「いのち」についてもいえるだろう。「いのち」は個人のものだ。それが近・現代が生みだした生命観である。人間が個人として生きるようになったことが、このような生命観を誕生させた。だからそれは、歴史がつくりだした生命観だといってもよい。しかしその生命観に基づいて諸関係がつくられ、この諸関係のなかに存在の居場所をつくりだす以上、私たちは個体的「いのち」という実体を成立させている。

問い直さなければいけないのは存在とは何かである。たとえば、私は存在している。どこに存在しているのか。私が結んでいる関係のなかに、である。だから、たとえばアフリカのライオンにとっては、私は存在しない。アフリカのライオンと私は関係を築いてはいないからである。もしも私がアフリカの草原を旅し、そこで数頭のライオンと出会ったとすれば、そこに一瞬の出来事であれ関係が生じる。私はそのライオンにおびえるかもしれないし、ライオンは私を食料としてとらえるかもしれない。そういう関係のなかで、私はそのライオンが存在していることをみいだし、ライオンは私の存在を認識する。一瞬の関係がライオンにとっての私を存在させたのである。

私は東京と群馬県の山村、上野村との二重生活をしている。上野村では村の自然との関係のなかに存在し、村人との関係のなかに存在している。村の歴史や文化、死者との関係のなかでも私は存在している。自然との関係もまた複雑で、村の多くの自然とは「眺めている自然」以上の関係ではない。ところが私が歩く自然もある。それは山菜やキノコを採りに行く自然であったり、釣りをする川であったりする。ときには昔の村の霊山に登ったり滝に打たれているときもあるから、そういう関係をつくっている自然もある。さらに自分が所有している森や畑ともなればもっと濃密な関係がつくられている。そういうさまざまなものとの関係のなかに、村での私は存在しているのである。

ところが東京での私はまるで違う存在だ。自然との関係はほとんどないといった方がいいくらいに弱い関係だし、地域の人びととの関係もごく限られたものしかない。地域の歴史や文化との関係も弱々しいものにすぎないし、この地域をつくってきた死者たちなどどこにも感じられない。村でつくりだしているような関係が、東京にいるときはほとんど形成されていないのである。ところが仕事上でつくられている関係は強力である。東京の家は私にとっては仕事場のようなものだから、仕事上の関係のなかで私は存在しているといってもよいくらいだ。すなわち、東京ではそういう関係のなかに私は存在しているのである。

さらにどちらにいても、私は市場経済との関係や国家との関係のなかにも存在している。ただしこの関係のあり方は、村と東京とではやはり異なっている。東京では市場経済との関係が大きく膨らんでいるけれど、村では市場を介さない関係が生活のなかにあるからである。自然からもらっていたり、自分でつくっていたり、村人からいただいていたりというような経済が村ではかなりを占めている。国家との関係も、東京では国家のシステムが私の目の前にあるという感じだけれど、村ではその間に村という「我らが世界」が挟まっているのである。

いわば私はこのようなさまざまな関係のなかに自己の居場所をつくり、存在しているのだといってもよい。だから私は次のようにいう。私の存在は私とともにある関係の総和である、と。

フランスの哲学者リオタールは〈近代的な個人は孤立などしていない〉と述べていた(『ポストモダンの条件――知・社会・言語ゲーム』小林康夫訳、水声社、一九八六年、『こどもたちに語るポストモダン』管啓次郎訳、ちくま学芸文庫、一九九八年)。直接的な関係が失われているという点では孤立しているが、近代的なさまざまなシステムに飲み込まれているという点では関係のなかにある個人だという意味である。みえない関係の糸に操られている個人だといってもよい。だから関係のなかに存在しているという実感は薄いのだけれど、そういう人間として孤立してはいないということになる。取り込まれているという意味において。

個人の時代とは、関係性を喪失した時代なのではない。直接的な関係性を喪失し、それに代わって現代システムが個人を飲み込むかたちで関係性が成立する。だから国民国家のなかの個人であり、市民社会のなかの個人であり、市場経済のなかの個人なのである。それらとの関係が現代的な個人をつくりだしているといってもよい。

E・フロムは『自由からの逃走』のなかで、伝統的な共同体が壊れ、個人となった人間たちのもつ不安がナチズムを支えたと述べていた。関係性を失った「浮き草のような大衆」、「根無し草の大衆」のもつ不安が、ファシズムに吸引されていく動機となった。この指摘は半分は正しい。共同性を失った個人の漂流する社会が現代社会だからである。だが十分なとらえ方ではない。なぜならその漂流する個人は、直接的な関係を失っただけで現代システムとの関係は保持していたからである。直接的な共同体に包まれている個人から、現代という時代を動かしているシステムに包まれている個人に変わった。そしてそうであるからこそ、ファシズム型システムが動きはじめたとき、個人はそこに飲み込まれ、あるいは積極的に関わっていくことのなかにゲルマン民族の共同性の姿をみいだした。フロムはより完成された個人の誕生がファシズムを否定する力になると考えていたが、この結論は「根無し草の大衆」たちの存在をつくりだしている関係のありようを見損なっていた。より完成された個人とは、より完成されたかたちでシステムに飲み込まれている個人なのである。そしてそのシステムと自己との関係性のなかに絶対性があるととらえられたとき、個人の社会はたえずファシズムへと向かう道筋を保持しつづける。自分を包んでいる国家システムと自己との関係性に絶対的なものがあるととらえられれば政治的ファシズムに向かうし、経済システムと自己との関係が絶対視されれば経済的ファシズムになる。そのような動きをたえず醸成しつづけるのが個人の時代としての現代社会である。

人間の存在を個体性でとらえていく誘導が近・現代社会では進行していった。国民国家、市民社会、資本主義という個人を基調にしたシステムが三位一体のかたちで展開するのが近・現代社会である以上、このシステムに飲み込まれれば人間は個体的実体として存在することになるからである。

だからこのような時代にあっては、「いのち」もまた個体性としてとらえられることになった。だが本当にそうなのかどうかは説明されていない。そういうものとして措定され、そこから離脱することができなくなっただけである。「いのち」が本当はどういうものなのかは、普遍的には語りえぬものでありつづけている。私たちが知っているのは、現代ではそれが個体的なものであるとされているという事実だけである。

仮に身体機能が動いているということを意味する命を「生命」と呼べば、生命は個体とともにある。個体としての身体の終焉は、個体としての生命の終焉でもあるからである。ところが私たちが「いのち」と呼んでいるものはそれとは違う。「いのち」は生の存在であり、それはたえず生の関係のなかに存在している。

ほんのときたま、私は死後の世界はあるのかとか、霊＝魂は実在するのかという質問を受けるときがある。そんなとき私は「知らない」と答える。なぜなら死後の世界や霊＝魂があることを普遍理論として証明することも、逆にないということを証明することもできないからだ。もちろん臨死体験に関する多くの証言もあるし、死者と話をしたりした体験の持ち主もいる。しかし誰もがその体験を追体験することはできない。たとえば日本に富士山があるということは、みえるところに行けば誰もがみることができるからこそ、そういえるのである。富士山をみたという人がいても、私たちにはどうやってもみえないものであるなら、あるのかないのかわからないというほかない。同じように誰もが死者の霊と出会ったり死後の世界を垣間見たりすることができないなら、普遍理論としてはそれらの実在が証明されたことにはならない。だがそうであるからといって、確かにないということを証明したことにもならないのである。

私が「知らない」と答えるのは、もうひとつ次のような理由もある。私たちは生の関係のなかで生きている。ところが死後の霊があるとすれば、それは死後的関係のなかに存在していることになる。つまり死後の世界も死後的霊も死の関係のなかに存在している以上、生の関係のなかにいる私たちにはその実在性は判定できないものとして成立しているのである。だから生の体系のなかで死後的なものを語ることには根本矛盾があるといわなければならない。それはどうやっても生の関係のなかにいる私たちにはわからないものなのである。

だが、にもかかわらず次のようにいうことはできる。たとえばチベット密教では死者は四十九日の後には生まれ変わるとされている。この考え方は世界の多くの人たちには奇異なものと感じられるだろう。チベット密教の経典のひとつともいうべき『死者の書』によれば、この四十九日間を死者たちは恐ろしい鬼に追いかけられるという体験をしなければならない。そしてその鬼は自分のなかにある「悪」がつくりだしたものだということに気づかなければならないのだが、チベット密教の世界ではそのような死生観と関係をつくりながら日々を暮らしている人たちが大勢いるのである。私にとってそれは遠い外国にあるひとつの考え方にすぎないが、この世界で生きている人たちにとっては、このような生死の世界と自己との関係は切実な課題なのである。とするとこの世界に生きている人びとにとっては、このような生死の世界が存在しているといってもかまわない。なぜならこの生死の世界と関係を保って生きているのだから、である。存在が関係のなかにあるのなら、このこともまた成立する。

上野村の新太郎さんも、村の死者たちとの関係をもちながら生きていた。だから彼の生の世界にはその死者たちが存在していた。

すなわち私たちの世界には、さまざまな死後の世界や死後的霊が存在しうるのである。ただしそれは普遍的にとらえられるものではない。それはあくまで関係をつくって生きている人たちだけのものである。だから一般論として答えれば、死後的世界があるのかどうかも、霊＝魂が実在するのかどうかも私は知らない。それらもまた関係的存在だということである。

そしてだからこそ「いのち」の問題も、生死の問題も、文化的文脈のなかでとらえられなければいけないのである。ここでは近代科学も論理的言説も無力である。普遍的な理論としてそれらを明らかにしようとするかぎりとらえられない。関係性がつくりだした自分たちの生きる世界の文化的文脈のなかでのみ、諒解されるものなのである。

たとえば浄土系の思想では、一心に念仏を唱え阿弥陀仏にすがれば極楽往生間違いなしと教える。念仏とは無縁の世界に生きている人からみれば、この教えはまがいものでしかない。しかしそういう関係のなかに生きている人にとっては、阿弥陀仏は存在するし、極楽浄土も存在する。ただし念仏とは無縁なところで生きている人たちにとっては、阿弥陀仏も浄土系の思想が教える意味での極楽浄土も存在しない。それとの関係を結んでいないからである。

すなわち「いのち」とは何かということも、死後の世界や死者の霊というものも、普遍理論として語られるべきものではなく、それらとの関係のなかで諒解されていくものなのである。ここでなぜ「諒解」という言葉を使うのかといえば、それは知性によって理解できるものではなく、関係が諒解させるものだからである。そうである以上その関係のなかにいる人にしか諒解できない。

だが次のことは述べておかなければならないだろう。人間たちは個人として生きるようになったとき、前記したように、現代世界のシステムに飲み込まれるようになった。その理由のひとつは個人になったときの人間は無力だからで、自己完結的な生き方をしなければならない以上、その時代のシステムを基盤にせざるをえないからである。もちろん私たちは自由や平等、平和を主張して、その時代の政治権力や経済システムと対決することはできる。だがその人間もまた国民国家や市民社会、資本主義的な市場経済から逃れられない。それらと完全に縁を切ってしまえば、生が存在するありかを失う。そのようなものとして、個人となった人間たちは無力である。

とともにシステムに飲み込まれるという問題は、政治や社会、経済のシステムだけで発生しているわけではなかった。人間たちは、ものの考え方や判断をも外部のシステムに飲み込まれるようになった。健康とは何かは医学に飲み込まれている。判断は科学や近代的な理念に依存している。医学や科学が誤っているというのではない。科学は、科学の方法からとらえられる真理を追究する学問であり、それは有効な役割をはたすときもある。問題はそこにあるのではなく、科学や近代的理念に飲み込まれるようにして自分の考え方をつくり、判断をしていることに対して、私たちが無自覚であることのなかにある。個人はさまざまなものを外部のシステムに依存して生きている。

だから「いのち」をも科学でとらえようとし、しかし科学は「いのち」をとらえられないという矛盾を抱え込むことになった。現代においては「いのち」は不明なのである。

上野村の新太郎さんはそうではなかった。彼は自己の「いのち」の存在を自分の世界のなかで諒解していた。生死についても、死後のあり方についても、である。そして彼を包み込む共同体の世界が、それを諒解できるものにしていた。新太郎さんの諒解の前では、科学も近代的理念も意味をなさなかったのである。自分たちの関係しあう世界だけが、それを諒解させていた。

第五章

「いのち」はどこにあるのか

多様な生き物が暮らす世界のなかで、自分たちには特別な地位があると考えたときから、人間はふたつの理由で「いのち」のありかを見失ったのかもしれない。

そのひとつは、このときから「いのち」に格差が生まれたことである。高級な「いのち」と低級な「いのち」が生まれた。もっとも高級な「いのち」の保有者として人間が位置づけられ、低級な「いのち」は顧みなくてもよいものになった。そしてこの「いのち」のとらえ方は、次に人間のなかにも高級な「いのち」と低級な「いのち」があるという発想を生みだしていく。ナチスがおこなったユダヤ人やロマ族の虐殺はその現れのひとつであったが、それはときに現実的なかたちで、ときに潜在的な民族差別や人種差別、集団差別としていまなお私たちの社会の内部にある。

さらに「いのち」が格差をもってとらえられるようになると、もっとも高級な「いのち」は、自己にとっては、自分の「いのち」だということになっていった。それが「いのち」を不明にしたもうひとつの原因をつくった。自分の「いのち」だけが何ものにも代えがたいものとしてとらえられ、自己と直接的な関わりのない多くの人びとの「いのち」は、集団としての「いのち」でしかなくなった。こうして人間の数だけピラミッドの頂点がある剣山のような生命社会が生まれることになった。誰もが自己を頂点とするピラミッド構造のなかに生命をとらえるようになったのである。

ところが、こうして誰もが自己の位置を絶対視すればするほど、その「いのち」は居場所を失っていった。自分が感じている自己という高級な「いのち」は、他者にとっては、その他者の「いのち」ほどには尊重される必要のないものになった。自己をピラミッドの頂点においても、他者にとってはピラミッドの下位に位置するものでしかなくなったのである。自分にとっては絶対的でも、他者にとっては十把一絡げの「いのち」に過ぎなくなった。それは「いのち」の孤独を生んだだけではなく、「いのち」の価値を認め合う社会をも衰退させたのである。自己の「いのち」だけが絶対的なものとして浮遊している時代、「いのち」が自己の内部にしか存在しない時代がこうして生まれた。人間の「いのち」に特別な地位があると考えたときから、「いのち」に格差が生まれ、ついには自分でその価値をみいだすしかない孤独な「いのち」

の時代が生まれていったのである。そのことが「いのち」のありかをわからないものにしてしまった。

人間の「いのち」には特別な地位があると考えることは、「いのち」がつながりのなかに存在しているということを否定することでもあったのである。すべての生き物たちの「いのち」はつながりをもちながら存在しているのだとすれば、人間の「いのち」もこのつながりのなかのひとつなのであって、特別な地位など所有してはいないことになる。つまり人間を特別視する生命観は、「いのち」を結び合うなかにとらえる思想の否定でもあった。「いのち」は関係のなかに存在していることが否定されたのである。そしてそのとき、「いのち」のありかは最終的に不明になった。なぜなら「いのち」が存在するためには場をもたなければならず、場は関係によってつくられている時空だからである。

日本の伝統的な発想では、人間の「いのち」は特別な地位をもっていなかった。自然と人間を格差なくとらえてきたのが日本の伝統的な思想である。さらに付け加えれば、岩や石、土、水といった無生物をも、生物と同じものとしてとらえていた。

天台宗の最澄が伝えたとされる言葉に「草木国土　悉皆成仏《しっかいじょうぶつ》」がある。「草木」は人間を含むすべての生き物と読めばよい。「国土」は生き物の世界を支えている大地のことであり、土や岩、水などが含まれる。すべての生き物も無生物も、みな成仏することができるという意味である。この言葉は「山川草木　悉皆成仏」とも言い換えられることもあるが、「山川」は「国土」と同じ意味だから文意は変わらない。ここではあらゆる「いのち」は無生物を含めて平等なものとしてとらえられている。

この「いのち」の平等観を空間的にのみとらえたのでは、その思想を見誤る。時空の世界のなかで平等なのである。たとえば草を食べる虫や動物もいるし、その虫や動物を食べる生き物もいる。このことを空間的にみれば、すべての生き物は平等だとはいえない。ところが草を食べて育った蝶が次には蜜を吸いながら花の受粉を助けるように、時間を介在させれば生き物たちはもっと複雑な関係をつくりだしている。すべての生き物たちは最後は土に帰って、他の生き物たちが暮らす基盤をつくりだしていく。この時空の営みのなかでは、生物も無生物も平等である。「草木国土　悉皆成仏」とはすべては成仏できるといっているのだから、それは空間的認識ではなく、時空的認識である。私たちの時空の世界のなかでは、すべては成仏できるということだ。すなわちこの時空のなかで、すべての「いのち」は平等なのである。

とすると、なぜすべての「いのち」は平等なのだろうか。現代的に解釈すれば、すべての命は尊いとか、生態系のなかですべての「いのち」は貴重な役割をはたしている、ということになるのだろう。だがそれは日本の伝統的な考え方とは違う。伝統思想には、すべての「いのち」は一番奥では結び合っている、つながりながら存在しているという発想があった。そこに密教思想や華厳思想があったことはすでに述べたが、一番奥には結び合って成立している「いのち」の世界があり、それぞれの「いのち」はそこから伸びた突起のようなものだとでもいえばよいのだろうか。そしてこの結び合う世界を守っているのが神仏だととらえるのが、あるいは結び合う世界が神仏そのものだととらえるのが、日本の思想でもあった。

すなわち、それぞれの独立した「いのち」が平等だということではないのである。奥に共有されている「いのち」の世界があるから、元々すべての「いのち」は平等性をもっているということである。だから「悉皆成仏」も、独立した「いのち」がみな成仏できると考えるのは正しくない。奥で結び合っている「いのち」だから、そしてこの結び合う「いのち」の世界を守っているのが神仏であり、あるいは結び合う「いのち」の世界こそが神仏の世界だから、誰もが成仏できるのである。なぜなら生きている間はすべての生き物は個体性をもっているけれど、その個体性は結び合う世界から生じた突起にすぎず、生から死への飛躍はこの個体性の喪失であり、結び合う「いのち」の世界への回帰だからである。結び合う「いのち」の世界が神仏の世界であるなら、そこへの回帰は成仏である。

柳田國男は、日本の民衆の死生観は、死後に魂＝霊は自然のなかに還り、自然の力を借りて浄化され、自然や村の死者たちの魂＝霊と一体化して祖霊という集合霊になっていくというものだったと考えていたようだが、日本の仏教はこの土着的な死生観と習合して展開している。死後は個体性を失って、結び合う世界に還っていくのである。それは「いのち」の根源に還っていくといってもよい。そして「いのち」の根源は神仏の世界なのだから、誰もが成仏できる。

この本のなかで私が提起したかったことは、「いのち」とは何かは客観的に示すことはできないということであった。生命は医学的にとらえることも可能だが、「いのち」は、「いのち」としての存在のことである。それは「いのち」の世界をどうとらえているのか、どう諒解しているのかということと関係している。たとえばいま述べた「草木国土　悉皆成仏」もひとつの死生観であり、ひとつの「いのち」のとらえ方である。このとらえ方には大きな魅力を感じるが、といってもそれが正しいのかと問われれば私には答えようもない。すべての「いのち」は奥の方で結び合っているといわれても、それを証明することはできないし、逆にそれを否定することもできない。医学的にとらえられる生命なら、それは個体的なものであって結び合って生きている生命などありえないと否定することもできるだろう。だが本書で課題としている「いのち」は生命とは違う。それは生きることの意味とともに存在しているものであり、死生観とともにあるものだといってもよい。

だからすべての「いのち」が奥の方で結び合いながら存在している世界を感じ、それを諒解しながら生きている人びとがいてもいい。しかしそれが正しいのかどうかはとらえようがない。それが主観的なとらえ方だから証明のしようがないのではなく、そもそも「いのち」とは思想としてとらえるしかないものなのである。「いのち」は個人のものだといわれても、それもまた誤っているということではない。「いのち」とは何かは、正しいとか間違っているという議論にそぐわないのである。

しかしひとつの結論はみえてきている。この章のはじめに述べたように、現代は人間の「いのち」には特別の地位があるということを当然視する社会をつくっている。それは元々はキリスト教思想がもつ、神の下にくるのが人間であり、他の生物はさらに下位のものとしてピラミッド型に広がっているという生命観からきたものであろうが、この考え方から神が消えれば人間が頂点に立つことになる。だがこの生命観は、前記したように、誰もが自分の「いのち」を頂点に立たせた剣山のような生命世界をつくりだしてしまった。それは「いのち」の孤独を生みだし、自己以外は諒解できない「いのち」の世界をつくりだしてしまった。自分にはかけがえのない自己の「いのち」があるのに、他者からはそれは十把一絡げの「いのち」でしかない。そういう孤独な「いのち」の誕生である。

問題はそれが人間たちに幸せをもたらしたのかだ。

私たちは客観的に提示することのできない数多くのものに包まれて生きている。いま述べた「幸せ」もそのひとつだ。幸せとは何かはつかみとられたものであって、客観的に理解される対象ではない。死もまたそのひとつだ。医学的な死は説明可能だが、死とは何かはそれぞれが諒解する対象でしかない。だから一章で述べたようなショーペンハウエル的な諒解もあるし、上野村の新太郎さんのような諒解もある。さらに、生きるとは何かも客観的な説明の彼方にある。自然とは何かも同じだ。自然を生態学的、機能的に説明することはできるが、私たちが自然に感じているものを客観的に提示するのは困難である。

「いのち」とは何かもそのひとつである。それは文化的な諒解でしかない。ある意味では共同想像の産物である。ここで共同幻想という言葉を使わないのは、共同幻想が実態がないにもかかわらず、みながそう思うことによってあたかも実態があるかのごとく機能するものであるのに対して、共同想像は、実態があるにもかかわらずその実態を合理的、客観的に説明することができないがゆえに、そのとらえ方、その諒解の仕方が共有されることで、そういうものとしてとらえられているということになる。たとえば国家は根源的には実態がない。にもかかわらずみなが国家が存在すると考え、この考え方を前提にしてさまざまなシステムができあがっているがゆえに国家は実態をつくりだす。国家は共同幻想の産物なのである。

それに対して「いのち」はどこかに実態がある。しかしその実態は明示できない。ゆえにとらえられた実態、諒解された実態としてしかつかみえないのである。そしてこのつかみとられた実態、諒解された実態が共有されたとき、その時代、その社会のなかでは「いのち」はそのようなものだととらえられていく。共同想像の産物なのである。

だから共同想像としての「いのち」はひとつのとらえ方だけではない。たとえば今日の日本をみても、医学的に「いのち」をとらえるという共有も存在するし、魂＝霊の実在を前提にしたとらえ方の共有も存在している。さらには特定の信仰や宗教のなかでのみ共有されている「いのち」の諒解もありえるし、共有されたあらゆる「いのち」の諒解を拒否して自己想像のなかで「いのち」をとらえることもありえるのである。

だがその時代の主導的な共同想像としての「いのち」は、存在しているといってもよいだろう。たとえば中世ヨーロッパにおいてはキリスト教の神との関係で「いのち」がつかみとられていた。それもまた共同想像の産物ではあるけれど、誰もがそうとらえることによってそれが正しい認識として機能し、「いのち」の実態をつくりだしていた。近代以前の日本では共同体を基盤にした土着的な死生観と仏教、道教が融合しながら、それをとおしてつかみとられた「いのち」が存在していた。それは共同体的共同想像の産物であり、同時に共同体のなかでは確かな「いのち」の諒解であった。

とすると今日ではどのような「いのち」の諒解が主導的な共同想像として存在しているのだ

ろうか。それは「いのち」を個的なものとしてとらえるということである。そしてそれゆえに、自己にとっては自分の「いのち」が絶対的なものになっている。自己の「いのち」を頂点においた「いのち」のヒエラルキーが人間の数だけ発生しているといってもよい。だから自己の「いのち」からみれば、顧みる必要のない他者の「いのち」も、関心をもつ必要のない「いのち」も発生する。個人の時代は自分中心主義の時代だといってもよい。

だからある明治の思想家についてのシンポジウムを紹介するかたちで述べたように、「社会の底辺の人たちを見下してはいけない」という「立派な道徳」が語られたりもする。そういう「立派な道徳」をもつ自己が自己肯定されていくという文脈がここでは成立している。すべてが肯定されるべき対象としての自己に還元される。それは十九世紀前半にトクヴィルのみたアメリカ人の精神でもあった。

「いのち」が個的にとらえられる時代には、「いのち」は根本的には平等にはならない。自分の「いのち」が中心であり、他の「いのち」は自分より下の「いのち」だ。それを補うのは、何らかの道徳、倫理だということになるのだけれど、その道徳、倫理もまた、そのような道徳、倫理をもっている自分に対する自己愛として成立することになる。こうして自己の「いのち」

を頂点におく時代には、他者からは下位に置かれた自己の「いのち」が発生してしまう。ここにあるのは「いのち」に差異を求める発想である。

そしてこの心情が、根底で現代の戦争を支えているといってもよい。大事なのは自己の「いのち」だ。自己の「いのち」に少しでも危害を加えそうな者は、自己にとっては犯罪者である。だから犯罪者は処罰してよい。そういう精神が根底で現代の戦争を支えている。

同じことが、かたちを変えて、いろいろなところで起きている。この社会が必然的に生みだしている極端な貧困や、極端な不健康を強いられている人びとに、なぜ十分な手が差しのべられないのか。その理由のひとつは自己の「いのち」にとっては関係のない人びとだからだ。そしてもうひとつの理由は、その人たちが十分な支援を受けられる社会がつくられたとき、そのことが自己の「いのち」にとってはいささかもプラスにはならないと感じられているからだ。むしろその人たちにより多くの税が使われることによって、自己の「いのち」にとってはマイナスが生じるかもしれない。たとえば健康保険料が値上がりするとか、保険の給付水準が下がるとか。

こうして「いのち」が個的にとらえられる時代には、平等とか連帯といった言葉が力を失っていくことになる。近代社会の精神が、建前としては自由、平等、友愛であったとしても、この社会が個を基盤にしているかぎり、実際にはそれは実現しないのである。

とともにこの時代には、自己の「いのち」もまた他者からは下位にみられるという意味で、他者から尊重されない孤独な「いのち」が発生することになった。他者を不幸にする社会は、自己をも不幸にしてしまった。

「いのち」は合理的にはとらえられないものである以上、どう諒解してもかまわない。しかしどうつかむのかによって、その後の展開は変わっていく。ある意味では「いのち」を個的なものとしてとらえた結果が現代世界なのである。それに対して上野村の新太郎さんは、共同体的な関係のなかで「いのち」をとらえていた。それがこの村の人びとによって共同想像された「いのち」であり、それゆえにこの死生観を軸にした社会が形成されていた。どのようにとらえるのかによって社会のあり方も変わるし、そこにおける人間たちのありようも変化してしまうのである。

私は「いのち」は文化的文脈のなかで考察されなければいけないと述べた。「いのち」が共同想像されたものであるのなら、共同想像を成立させていくその社会の文化的営為が「いのち」を認識させるからである。

だから共同的な文化的営為が消滅してしまうと、「いのち」とは何かもわからなくなってしまう。自己確認の対象でしかなくなり、しかし客観的に自己確認できる対象ではない以上、確信は生じないのである。

とすると「いのち」の問題は私たちの社会の問題だということになる。どのような社会があるのか。そこではどんな文化的営みが成立しているのか。どんな「いのち」に対する共同想像を生みだしているのか。そのことによってつかみとられていくのが「いのち」である。

だから「いのち」はいわゆる学問の方法ではとらえられない。近代以降の学問は分析を深めることによって本質を発見しようとする。ところが「いのち」は文化的文脈のなかでつかみとられていく共同想像でしかない。にもかかわらずひとつの共同想像が成立することによって、それに基づいた社会が形成されていく。そのことによって、それが本質であるかのごとく実態が展開するのである。このようなものである以上、「いのち」の本質を客観的、普遍的に提示することはできない。

そしてだからこそ、近代以降の社会は「いのち」とは何かという問いを脇に追いやることになった。通常の学問の方法ではそれはとらえられないからである。その結果、「いのち」を医学的に認識できる生命の問題におきかえ、ひたすら生命の安泰を願うようにもなった。だがそうなればなるほど、「いのち」の居場所は不明になってしまった。


農山村に私がよくでかけるようになって知ったことのひとつは、そこで暮らす人たちにとってその場所が、希望どおりのところだとはかぎらないということだった。たとえば上野村は平坦地がほとんどない村である。水田は一枚も存在しない。普通の農業をするには著しく不利な場所なのである。自給自足的な生活も難しいから、昔から村人は商品作物の生産やその加工をしながら米を購入して暮らしてきた。上野村と信州をつなぐ峠に十石峠があるけれど、この名前は一日に十石の米が信州から運ばれてきたというところから名付けられた。

もしかしたら、もっと広い農地があったら、米がつくれたら、もっとよかったということかもしれない。そういう地域に生まれたかったということかもしれない。それはすべての人びとにいえることであって、逆に山の近くで暮らしたいのに地平線まで広がるような水田地帯に生まれたという人もいるかもしれないし、海の近くがよかったという人もいるかもしれない。上野村の新太郎さんは山に包まれた小さな盆地のようなところで生まれ、わずかな畑と墓、二軒の家のある場所で暮らしていた。彼の人生にとってそこは、はたして最良の場所だったのかどうか。

だがそこが新太郎さんにとっては最良の場所だったのである。同じように農山村で暮らすほとんどの人たちにとっては、いま暮らしているところが最良の場所だった。

客観的にみれば最良なのかどうかはわからない。もっと条件のいいところはいくらでもある。しかし農山村の人たちにとっては、その場所が最良なのである。

なぜそれが可能なのか。それは「最良の場所」は選択するものではなく、諒解するものだからである。そこで暮らすことが諒解できるものになったとき、その場所が自分の存在にとっての最良の場所になった。

とすると何が諒解をもたらしたのだろうか。その人を包み込んでいる関係が、である。自然との関係、村の人びととの関係、村の祖先との関係、村の歴史や文化との関係。そういう関係とともに生きているうちに、それらの関係のなかに自分の「いのち」が存在していることをつかみとった。そこに自分のかけがえのない存在があった。諒解された自分の存在があることを知ったのである。違う関係ではけっして成立しない自己の存在が、そこにはあった。

「いのち」の存在は諒解されていくものだったのである。

とすると現在の多くの人たちが「いのち」のありかがわからなくなっている理由もよくわかる。自分を包み込んでいる関係がなくなっている、あるいは希薄になってしまった。ある意味では私たちはコンビニさえあれば暮らしていける時代を生きているけれど、自分を包んでいる関係はみえなくなっている。だから生の諒解ができなくなってしまった。「いのち」のありかを諒解させてくれるものがなくなったのである。こうして私たちは、本物の居場所がないとでもいうような感覚をいだくようになった。

包んでいるさまざまな関係のなかに自己がいる、そういう世界を私はローカルな世界と呼んでいるけれど、この言葉を使えば、諒解された「いのち」の存在を成立させるためには、ローカルな世界が必要だった。

あとがき

「シリーズ　ここで生きる」に収録する一冊の本を依頼されたとき、それはいつか自分で書いてみようと思っていた企画とも一致していた。「いのち」とは何かは、自明のことのようで実は曖昧なままにされている。

医学的な意味での生命のことならある程度の答えも用意されている。だが生きるとは何かということになると誰もが同意できるような答えがだされてきたわけではない。「いのち」の本質とは何か、「いのち」はどこに存在の場をもっているのかは不明なままにおかれている。そんな思いが、このテーマに対する私の関心としてあった。

本書のなかで私は、「いのち」は場のなかにしか存在しないという立場をとっている。そして場とともにあるのが「いのち」だとするなら、「いのち」は普遍理論でとらえる対象ではないことになる。場とともにさまざまな存在のかたちをつくりだすのが「いのち」であり、とすると、人びとが自然や死者とも関係を結びながら生きていた時代の「いのち」はどのようなものだったのか。そして現代社会においては、「いのち」はどのようなものとして存在するようになったのか。すなわち「いのち」の考察は、私たちが生きている世界の探究である。

このような問題意識に対して、本書が十分に答えているのかどうかはわからない。そういうしかないほどに、「いのち」とは何かは自明のものではないのである。あるいは理論的には永遠に自明にはならないもの、文化的文脈のなかで諒解するものが「いのち」だといってもよい。そういう視点から、本書は書き下ろされている。

「シリーズ　ここで生きる」の最終巻の刊行時期が、私の原稿の遅れのために大幅に延期されてしまったことをお詫びする。とともにその遅れに付き合いつづけてくださった岩波書店編集部の大橋久美さんに、心からのお礼を申し上げる。

二〇一五年九月

著　者

内山 節

1950年東京生まれ．哲学者．1970年代に入った頃から，東京と群馬県上野村との二重生活をしている．現在，NPO法人・森づくりフォーラム代表理事など．
著書に『労働過程論ノート』(田畑書店)，『哲学の冒険』(毎日新聞社)，『自然と人間の哲学』『時間についての十二章』(以上，岩波書店)，『森にかよう道』『貨幣の思想史』(以上，新潮選書)など．主要著作は『内山節著作集』(全15巻，農文協)に収録されている．

シリーズ ここで生きる
いのちの場所

2015年10月28日　第1刷発行
2024年6月5日　第6刷発行

著　者　内山《うちやま》 節《たかし》

発行者　坂本政謙

発行所　株式会社 岩波書店
〒101-8002 東京都千代田区一ツ橋2-5-5
電話案内 03-5210-4000
https://www.iwanami.co.jp/

印刷・法令印刷　カバー・半七印刷　製本・松岳社

ISBN 978-4-00-028730-2　Printed in Japan